伝説の名投資家
12人に学ぶ

儲けの鉄則

日本株で勝つためにすべきこと、してはいけないこと

小泉秀希＝著

ダイヤモンド社

はじめに

本書はマネー雑誌『ダイヤモンドZAi』の創刊時から約5年にわたって連載された「名投資家に学ぶ株の鉄則!」をベースに、最新の情報やデータなども入れて大幅に加筆・改訂したものです。

この連載は私の予想を超えた反響をいただき、今だに「あのコラムはすごく自分の役に立っている」といっていただけることがよくあります。

しかし、このコラムが誰に一番役立ったのかといえば、それは私自身だと思います。このコラムは1ページ書くのに何日もかかり、正直なところライターの仕事としてはまったく採算に合うものではありませんでした。それでも連載を5年も続けたのは、「これは投資家としての自分にすごく役立つ」と確信していたからです。

実際に、このコラムを書き始めて、私の投資成績は劇的に改善しました。コラム開始から2年ほどした2002年から2007年にかけては投資資産を数十倍にすることができました。その後もリーマンショックや東日本大震災などを乗り越えて、着実に資産を増やすことができています。以前の私は箸にも棒にも掛からぬ成績しか上げられないダメ投資家でした。その状況が劇的に改善されたのはこのコラムのお陰です。

これまでにも、このコラムを本にまとめようという話は何度か持ち上がってはいたのですが、やっと実現できることとなりました。ところが、自分でも多くの投資経験を経た今、当時の原稿を読み直してみると、書き直したり書き足したいことが山のように出てきました。そこで、この度、大幅加筆・改訂をしての出版となったわけです。

本書ではコラムで紹介した18人の中から、特に役立つと思える12人の名投資家たちを厳選してそのエピソードとノウハウを紹介します。ウォーレン・バフェットをはじめ、いずれも歴史に名を残すような成功を収めた投資家たちばかりです。そして、どの投資家のエピソードもとても興味深くて、投資法は「なるほど！」と納得できるような、シンプルで合理的なものばかりです。

株式投資にはさまざまなやり方があり、それぞれのやり方において成功者がいますが、

多くの個人投資家にとって限られた時間の中で長期的に資産を増やし続けていきやすいのは、

- **本質に即していて**
- **シンプルで合理的な原則に従う**

という方法だと思います。

本書で紹介するノウハウはいずれもそうしたものばかりです。

結論から言えば、株で儲けるための最も重要な原則は、**「成長性ある企業を見極めて、超割安な水準で買う」**ということです。

「成長性」と「割安さ」の見極め方が上達すれば、株式投資はぐんぐん上達します。本書に登場する名投資家たちのほとんどは、この「成長性」と「割安さ」について徹底的に考えて、それを極めた人たちです。

この本を書いている2014年現在、株式市場は大きな変動の最中です。アベノミクスが成功して株価が順調に大きく上がり続けるのか、それとも失敗してもう一度奈落の底を見に行くのか……。

それは大変難しい問題です。どちらも予想する人がいますし、どちらになる可能性もあります。両方のシナリオを想定して、どちらになってもいいように準備しておくことが投資家としては大切です。

変動の大きな相場では、投資家はいつにも増して悩むことが多くなるでしょう。そんな時に大事なことは、「原則に立ち戻ること」です。どんな時でも原則に立ち戻ってじっくり考えれば必ず良い答えが見つかります。そして、その立ち返るべき原則はこの本の中にきっと見つかるはずです。

伝説の名投資家12人に学ぶ儲けの鉄則　目次

プロローグ

株式投資で成功するために必要なのは、〝頭の良さ〟ではなくて〝合理的に考えること〟

これは、ウォーレン・バフェットの言葉です。

バフェットはアルバイトなどで稼いだお金を元手に株式投資を始めて一代で5兆円もの個人資産を築き上げました。人類史上最高のパフォーマンスを上げた投資家と言ってもいいでしょう。

そのバフェットが、株で成功するには頭の良さは関係ない、と断言しています。

たしかに、頭がいいのに株で失敗している人は世の中にたくさんいます。実際に医者、弁護士、公認会計士、教師などでも、株式投資で失敗した人は大勢います。

ノーベル経済学賞を受賞した学者が運用するファンドが破綻した事件もありましたし、かのアイザック・ニュートンがバブル相場で今のお金に換算して1億円近くを失ったというエピソードもあります。人類の最高の知能も投資には役立たなかったというわけです。

そして、そうした知能の代わりに投資の成功に必要なのは「合理的に考えること」だ、というのです。


では、合理的に考える、とはどういうことでしょうか。

難しいことなのでしょうか。

いいえ。バフェットは、それはとても簡単なことだ、と言っています。簡単すぎて大学のファイナンス学の授業では教えられていないほどだ、とまで言っています。「教える内容が簡単すぎると大学の先生の権威が保てないから」(バフェット)だそうです。

合理的というのは、理屈にかなっているということです。

つまり、よくよく話を聞けば、「なるほどなぁ」と納得できることです。

バフェットによると、合理的な投資法というのは誰もが「なるほどなぁ」と納得できるし、実践できるものだと言います。

これから歴史に名を残す名投資家の話を読んでいただくわけですが、彼らの手法や考え方は、いずれもシンプルであり、「なるほどなぁ」と思えるようなものばかりだと思います。

シンプルで合理的。

そう、まさにこれが大成功した名投資家たちに共通するポイントです。

難解で複雑な方法は一見スゴそうに思えますが、実はあまり合理的ではないケースも多いのです。

複雑だからダメなわけではありませんが、合理的ならばシンプルでも複雑でもどちらでもいいのです。であるなら、シンプルで合理的なほうが効率がいいですね。これが多くの名投資家たちのたどり着いた結論です。

まずは、テールリスクを避けることが大事

では、投資において「合理的」というのはどういうことでしょうか。

具体的には、
❶「テールリスク」を避け
❷「リスクとリターンを比べて明らかに有利な選択」を積み重ねていく
ということです。

テールリスクというのは、「めったに起きるものではないけど、一度起きたら取り返しがつかないようなダメージを受けるリスク」のことです。

たとえば自動車の死亡事故はその一種です。スピード違反の速度で自動車を飛ばしてもめったに事故なんて起こりませんが、一度起こしてしまうと取り返しがつかない悲惨な結果になるリスクがあります。だから、合理的に考えるドライバーは、どんなにじれったくても法定速度を守り、十分な車間距離を確保して自動車を運転するわけです。

投資におけるテールリスクは、リスクの取りすぎによって起きます。

たとえば、信用取引（お金を借りて行う取引）で自己資金の3倍の株を保有している時に大震災などが起きて株価が3割下落したら資産すべてを失うことになります。

だから、合理的な投資家は最悪の事態でも生き残れるように考え、投資金額は大きくなりすぎないように心がけます。

どう考えても有利な投資

「リスクとリターンを比べて明らかに有利な選択」というのは、たとえば次のような投資チャンスです。

10万円を投じて、

- **成功したら5万円の利益**
- **失敗したら1万円の損失**

そして、成功する確率のほうが高そうだ、と考えられるような投資案件。

もちろん、それでも損するリスクはあるわけですが、ごく限られた損失額ですし、それに対して成功した場合の利益が大きい投資です。これならば、10万円をかけることは有利な選択だといえるのではないでしょうか。

また、1回ごとの投資では損をすることがあっても、こうした有利な選択を繰り返していけば、トータルでは利益を重ねることができます。

どうでしょうか。これこそが投資で成功するための最大のコツです。

あとはそうした有利な選択肢をいかに多く見つけるか、ということで投資成績は決まってきます。

チャンスの数は勉強と努力に比例する

では、どうしたら有利な選択肢をたくさん見つけることができるのでしょうか。

それは、知識と作業によります。

勉強して知識を身に着けるほど、そして、銘柄探しの作業を多くするほど、そうした有利な投資チャンスはたくさん見つけられます。

バフェットの師匠であるグレアムは、「投資の成果は、どれだけリスクを取ったかではなくて、どれだけ手間をかけて調べたかによって決まる」と言っています。

そして、日本のマスコミにもよく登場する大投資家ジム・ロジャーズは、「道ばたに落ちているお金を拾うくらいイージーなチャンスが来るのを待ち、その時だけ投資する」と言っています。

「どう考えても有利な投資チャンス」というのは、勉強すればするほど、銘柄探しの作業をすればするほどたくさん見つかります。

もちろん、相場や経済の状況によってはチャンスが見つけづらい時もありますが、たくさん見つかる時もあります。

大切なのは、「どう考えても有利な投資チャンス」を見つけた時にだけ投資をする、ということです。そして、見つからない時には見送るのです。

難しいと感じる時、チャンスが見つからない時には投資をする必要はないのです。勉強や作業をしながら、イージーなチャンスを待ち続けるのです。

12人の名投資家たち

では、どのように勉強したらいいのか。

一番有効なのは、成功者から学ぶことです。

そこで、この本ではもっとも学び甲斐がある12人の名投資家たちのエピソードを集めました。


1人目は**ベンジャミン・グレアム**。

グレアムは割安株投資の始祖といわれる人で、ウォーレン・バフェットなど優秀な弟子をたくさん育てた人です。

グレアムからは「割安な株の見つけ方」を学びます。また、グレアムは投資における合理性を徹底的に突き詰めた人でもあり、彼の話からは、「大きな失敗をせずに資産を増やし続けるための考え方」を学びます。

2人目は**フィリップ・フィッシャー**。
フィッシャーはバフェットのもう一人の師匠であり、成長株投資のカリスマです。何十年にもわたり成長し続け、何十倍にもなるような株を見つけて集中投資し、大きな資産を作りました。フィッシャーからは「成長株の見分け方」を学びます。

3人目は真打、**ウォーレン・バフェット**の登場です。
グレアム流の割安株投資とフィッシャー流の成長株投資を融合させた「割安成長株投資」を編み出し、それを進化させた投資法で史上最高の成績を上げてきた人です。バフェットからは「真の優良株を見極め、それを超割安な価格で買う方法」を学びます。

4人目は**ピーター・リンチ**。
リンチは投資信託のファンドマネージャーとして歴代最高レベルともいわれる成績を収めた人ですが、「日常生活を見回せば、何倍にもなるような成長株がたくさん見つかる」、そして「素人はプロよりも株式投資では有利だ」というのが彼の教えです。リンチからは「日常生活から大化け株を探す投資法」を学びます。

5人目は**ウィリアム・オニール**。

オニールは何十倍に大化けした株を何十年分ものデータから徹底的に研究し、大化け株の初動を捉える「CAN-SLIM法」というノウハウを見出しました。それを学びましょう。

また、オニールは株価チャートで売買タイミングをはかる達人でもあり、株価チャートを使うエッセンスも学びます。

6人目は**ジム・ロジャーズ**。
ロジャーズは、今や世界を席巻するヘッジファンドの草分けであるクォンタム・ファンドを成功に導いた他、金や中国株の歴史的高騰を的中させたことでも有名です。「割安さ」が強い状態に「良い変化」が見え始めたところを買うというのが彼の投資法の極意です。この「バリュー&チェンジ戦略」を学びましょう。

本書では以上6人の投資家のノウハウについて1章ずつさいて詳しく解説しています。

この6人の投資家たちのノウハウの中に、投資家として成功するために必要なエッセンスが凝縮されています。これらを身に着けることで一生ものの投資の考え方を得られるはずです。

第7章では、さらに4人の名投資家たちの投資法を学ぶことで、「割安さ」と「成長性」についての考え方を深めます。


そこで、7人目に取り上げるのは**ジョン・メイナード・ケインズ**。

ケインズは偉大な経済学者にして偉大な投資家でもありましたが、ケインズは若い時から為替や株の投機的な売買を好み、破産するような苦労をしながら、徐々に投資の必勝法を見出すまでのプロセスを紹介します。

こんなすごい人でも、やはり試行錯誤の時代はあったのですね。そして、面白いことにバフェットとほぼ同じような手法にたどり着きます。ケインズからは「超優良株を見極め、超割安に買い、長期保有する」というバフェット流投資の重要さを改めて学びましょう。

8人目は**ジョン・テンプルトン**。

テンプルトンは新興国投資のパイオニアですが、当時の新興国であった高度成長期の日本の株で大成功したことで有名です。テンプルトンからは、世界を見渡して真に割安な国や株を探すという国際投資家の考え方を学びます。


9人目は**ジョン・ネフ**。

ネフはプロのファンドマネージャーたちから最も尊敬を集める真のプロです。

ネフはあえて高成長株を避けて安定成長株に狙いを絞って投資して大きな成功を収めました。高成長株か安定成長株かという問題と、成長株のPERをどう考えたらいいのかというノウハウについて学びます。


10人目は**是川銀蔵**。

是川は日本を代表する投資家です。

激動の時代を生きながらも、徹底的に勉強、研究することで夢をかなえ続けた彼の姿からはきっと感銘を受けると思いますし、投資家を超えて人間としての在り方が学べると思います。彼が最終的にたどり着き、個人投資家に推奨する「カメ三法」という手法を紹介します。

続く第8章では、さらに2人の名投資家から、全体相場や経済の大きな流れを見極めて投資するノウハウを学びます。

そこで、11番目に登場するのはマーティン・ツバイク。

ツバイクは相場トレンド判断の名人といわれています。彼からは株価の爆発的な動きと中央銀行の金融政策から全体相場・景気のトレンドを判断する方法を学びます。

そして、本書の最後、12番目に登場するのはジョージ・ソロス。

ソロスはヘッジファンドという存在を世に知らしめた伝説的人物で、2兆円という個人資産を築きました。ソロスからは、為替相場などの大きなトレンド転換を見抜く方法を学びます。

以上の12人は、プロ中のプロであり、本当にすごい投資家たちですが、個人投資家にとっても「なるほどなぁ」と学べることが多い人たちばかりです。そのように、学び甲斐のある人ばかりを厳選しました。

また、ここで取り上げている投資家たちは、投資家としてすごいだけでなく、人間としても魅力的な人たちばかりですし、その人生が物語として面白い人もたくさんいます。ですから、ぜひ楽しみながら読んでいただければと思います。

彼らのエピソードを読むことで、投資家にとって一番大事な「合理的な考え方」を磨くことができると思いますし、「どう考えても有利な投資チャンス」を探すためのワザ(＝必勝パターン)をたくさん手にすることができるでしょう。

第 1 章

「1万円札を5000円で買う」つもりで割安な株を探せ！

ベンジャミン・グレアムに学ぶ

「割安株」投資法

Benjamin Graham

写真：AP/アフロ

■ベンジャミン・グレアム　*Benjamin Graham*

収益と資産の両面から下値不安のない割安な株を買う

ベンジャミン・グレアム　1894年生まれ—1976年没。バリュー投資理論を打ち立てた人であり、バフェットをはじめ多くの名投資家を育てた。大恐慌の最中に書いた『証券分析』では、その名の通り証券分析という分野を切り開いた。また、1949年に一般投資家向けに書いた『賢明なる投資家』は個人投資家の最高の指南書としていまだに読み継がれている。

数多くの成功者を育てた「割安株投資の巨匠」

ベンジャミン・グレアムは主に20世紀の前半から中盤にかけて活躍した著名な投資家です。グレアムは投資家として億万長者になり経済的な成功を収めますが、それ以上に「割安株投資」の考え方とノウハウを確立した理論家として有名です。それは多くの投資家に影響を与え、多くの億万長者を生み出しました。その筆頭はウォーレン・バフェットです。

バフェットについては第3章で詳しく述べますが、株式投資によって約5兆円もの個人資産を作り上げた史上最強の投資家です。バフェットは投資の基本をグレアムから直接たたき込まれて、それをたたき台にして前人未到の成功への道を歩み始めていったのです。

そこで本章では、バフェットをはじめ多くの億万長者を生み出してきたグレアムの「割安株投資」の考え方とノウハウについて紹介していきます。まずは、その理論が生み出された背景から見ていきましょう。

1929年の株価大暴落の中でグレアムが考えたこと

グレアムは投資家として成功する前に経済的破綻（もしくはそれに近い状態）を2度も経験しています。

1度目はグレアムがまだ子供の時のことです。グレアム一家は、もともと父親が商売で成功してニューヨークで裕福な生活を送っていました。その羽振りのよさは、使用人、料理人、フランス人家庭教師まで雇うほどだったそうです。

ところがグレアムが9歳の時に父親が他界してからグレアム家の家計は一気に苦しくなります。母親は経済的な苦難を切り抜けようとしてお金を借りて株式投資を始めましたが1907年の株価暴落で破産してしまいます。グレアムはこの時に味わった経済的苦難や、人々から受けた屈辱的な仕打ちの数々を生涯忘れなかったといいます。

その後グレアムは勉学に励み、コロンビア大学で奨学金を獲得してトップに近い優秀な成績で卒業した後、大学の教員になるように誘われましたが、それを断ってウォール街で証券取引の仕事に就きました。そして、トレーダーやアナリストとしてメキメキ頭角を現して異例の出世を遂げ、若くして役員に抜擢されました。

その後、会社をやめて自ら資産運用会社を立ち上げ、順調な運用成績を上げ続けて大きな成功と資産を手にします。まさに、子供の時に屈辱を味わわされた株式市場に敵《かたき》を討った形になったのです。

ところが、資産を順調に拡大しつつあった35歳の時に、1929年の歴史的な株価大暴落が起きます。ニューヨークダウ平均株価は1929年9月のピーク386ドルから1932年7月のボトム40ドルまで、約3年で9割近くも下落してしまったのです。そうした中で、グレアムの運用資産は70％ものマイナスとなってしまいました。

ニューヨークダウ平均株価の下落に比べればグレアムの損失はマシだったとはいえ、それでも経済的に破綻寸前の状況に追い込まれてしまいます。これが生涯で2度目の経済的苦境です。

ニューヨークダウ平均株価は1932年7月に底打ちした後も、1934年10月までは100ドル前後の水準での低迷が続きました。その間にアメリカの工業生産は半減し、実質GNP（今のGDPに当たる指標）は3割以上落ち込み、物価は30％近く下がり、失業率は25％近くに上昇しました。日本のバブル崩壊やリーマンショックなどとは比較にならないほど悲惨な状態だったのです。これが、歴史の教科書にも出ている世界不況であり、大恐慌と呼ばれるものです。

まさに、多くの人が経済的に苦境に陥り絶望に打ちひしがれていた時代です。グレアムもそうした中の一人でしたが、グレアムは株式投資をやめず、むしろ、株式投資の研究を深めていきました。

この時にグレアムが目指していたのは、「どんなことがあっても致命的な失敗をせずに、長期にわたって安定して資産を増やせる投資法」です。

投資には資産を「守る」という面と「増やす」という面があります。グレアムはそのうち「守る」ことを徹底的に重視して、「どんなことがあっても資産を大きく減らさない」ということを第一のテーマにしました。2度の経済的な苦境を経験したグレアムにとって、「もう絶対にそうした苦境を味わいたくない」ということを大前提に考えることは自然な成り行きでした。その上でできるだけ「増やす」ということを目指しました。

インフレは歴史の中で繰り返されて、そのたび預金や債券の資産価値を毀損している

ここで疑問を感じる人がいるでしょう。「そんなに資産を守りたいなら、お金を預金や債券にしておけばいいのに」と。

しかし、歴史的にみると高いインフレ率の局面はかなり頻繁に訪れています。10年で物価が2倍になる程度のインフレは頻繁に起きますし、ごくまれですが数年で100倍のインフレになることもあります。

物価が2倍になるということは、現金の価値が半分になるということです。もちろん、インフレ時には金利も高くなることが多く、預金や債券で運用している場合にもそれなりの利息が入ってくるのですが、高いインフレ率の局面の多くにおいて、現金の価値の低下のほうが勝ってしまいます。実際に、歴史的にみるとインフレはほとんどのケースで資産運用の敵になっているのです。

1995年頃から日本ではデフレ的な状況が続き、現金の価値がこの20年ほど変わらず安定しているという状況が続いています。これだけ現金の価値が安定して保たれているというのは、実は歴史的・世界的に見てもまれです。こうした状況が未来永劫続く保証はありません。将来的にはグレアムが頭を悩ませたインフレとの戦いを私たちが強いられる時が来るかもしれません。

一見安定しているように思える状況がガラリと変化してしまう、ということは歴史上たびたび起こっています。株価暴落も、金融恐慌も、ひどいデフレも高インフレも突然起こる危険性をこの世の中は常に秘めています。

グレアムが経験した1929年の株価大暴落やそれに続いたデフレ恐慌のケースについても、アメリカ経済はその直前まで好景気と株高の状況が続いており、「この好況はいつまでも続く」と多くの人が思っていました。

要するに、この世の中には、現金を含めて絶対に安全な資産などないのです。インフレになると、むしろ現金よりも株のほうが安全性が高い、ということも起こりえます。

ですからグレアムは「守り」という観点からも預金、債券、株式を総合的にどうミックスさせて資産運用すればいいのか、ということに頭を悩ませていたのです。

あらゆる危機・変化に対応できる資産運用戦略

そして編み出されたのが、現金・債券と株式のバランスを考えながら行う資産運用です。まず、運用資産全体を「現金・債券50%、株式50%」にすることを基本として、株式が有利な時には「現金・債券25%、株式75%」、株式があまり有利でない時には「現金・債券75%、株式25%」というように資産ポートフォリオを柔軟に変化させる戦略です。

そして、株式については、「割安株投資」の手法で選んだ、安全で割安な株を5銘柄以上に分散して投資します。

この「安全性の高い割安株を見つけ、5銘柄以上に分散して投資する」という投資法は安全性を最大限に重視しつつ、最大限の収益を狙うということを追求した結果生み出されたものです。実際にグレアムはこの手法を確立して以降、ファンド運用で20年にわたり平均20％（20年累計で資産40倍）という高い利回りを安定して実現し続けました。

こうしたグレアムの手法は、大恐慌真っただ中の1934年に『証券分析』という本として出版されました。当時は人々が経済的苦境に打ちひしがれ、株式投資どころではないと考えている状況でしたが、グレアムはそういう時だからこそ株式投資の正しいあり方をきちんと示し、そのことで自分も含めたすべての投資家が復活し、株式市場が再生し、経済の復興に役立ちたいと考えたのです。

また、グレアムはその後、一般の投資家向けに自分の投資理論をわかりやすく説く『賢明なる投資家』という本を書きました。バフェットは19歳の時にこの本を読んで投資家として目覚めたといい、「いまだに右に出るものはない最高の株の手引書」と言って称賛を惜しみません。

「株本来の価値」そのものに着目し、その価値よりも大きく値下がりした〝価格〟で買う

グレアムの確立させた「割安株投資」は、ごく簡単にいうと、「1万円の価値があるものを5000円で買う」というものです。

より具体的には、

❶その株の本来の価値がいくらなのかを考え
❷その価値よりも大きく値下がりした価格の時に買い
❸株価が本来の価値に近づいて来たら売る（2年くらいは保有する覚悟で）

というものです。

一見、あっけないほど単純な手法ですし、グレアム自身、投資のコツとして「食料品を買う時と同じようにやればいい」と言っています。

たとえば、1本100円の価値がある大根が50円で売られていたら、お買い得だと思って買えばいいわけですが、それと同じことを株式投資でもすればいい、というわけです。

あまりにもシンプルですが、発表した当時としては画期的な考え方であり、バフェットをはじめ数多くの優秀な門下生をひきつけたのはまさにこの考え方でした。

しかし、大学のファイナンス学の授業ではこのグレアムの考え方はほとんど教えられていません。そのことについてバフェットは、「難しくないからだよ。つまり大学は難しくて、しかも役に立たないことを教えているんだ。ビジネス・スクールは単純明快な行動よりも複雑な行動のほうを高く評価するけど、実際は単純明快な行動のほうが有効だね」（ジャネット・ロウ著『バフェットの投資原則』ダイヤモンド社刊より）と言っています。

「単純な手法」といいましたが、実際にやってみると「割安株投資」はそう簡単ではないことに気づくはずです。簡単でないことをきちんとやりきっているから、グレアムやバフェットをはじめとする割安株投資家は莫大な資産を築いているのです。

では、それは一般の投資家には無理なことなのかというと、「それは無理ではないし、基本的な考え方を身に着ければ誰にでもできる」というのがグレアムやバフェットの主張です。

そこで、その「基本」についてここから述べていきます。

割安株投資で成功するための「基本」は大きく分けて2つあります。1つは「株の価値」についての考え方、2つ目は「相場変動」についての考え方です。まずは、「株の価値」についてみていきましょう。

割安株投資の基本❶

「株の価値」について考える

「株の価値」について考える際にまず重要なのは、株というのは会社の所有権だ、ということです。その会社の株式を100%所有すればその会社は100%自分のものになるし、0・01%所有すればその会社はその分だけ自分のものということになります。

つまり、株式を持つということは、会社の一部分を所有するということです。

そして、株の価値を考えるということは会社の価値を考えることと同じことであり、1株の価値は1株当たりの会社の価値を考えること、となります。

会社の価値は、資産面と収益面から考えることができます。「資産面から見た価値」と「収益面から見た価値」というのは、同じ会社を別の面から見た価値ということです。

資産面から見た価値は、純資産の金額で示されます。純資産というのは資産から負債を除いた部分であり、純粋にその会社の資産といえる部分です。39ページの図では1株の価値について示しているため、純資産の価値の部分は「1株純資産」（1株当たりの純資産）と書いてあります。

一方、収益面から見た価値は、「現在の収益力から見た価値」に「成長性」が合わさったものです。成長性というのは、今後収益が伸びていくことが期待される価値のことです。

普通は、資産面から見た価値よりも、収益面から見た価値のほうが大きくなります。純資産を超えた部分は「のれん」と呼ばれて、これは、その会社のノウハウやブランド力など目に見えない実力の価値ともいえます。

左ページの図は、以上に述べた株の価値のイメージです。グレアムの手法、さらにはそこから発展させたバフェットの投資手法を理解するための基本となる大事なイメージですので、しっかり理解してから先に進みましょう。

収益面から見た株の価値＝1株益×妥当PER

収益面から見た株の価値について、もう少し詳しく見ていきます。収益面から見た株の価値は、

収益面から見た株の価値＝1株益×妥当PER

「株の価値」とは何か？

〈株の3つの価値〉
❶1株純資産
❷現在の収益力から見た価値
❸成長性を加味した価値

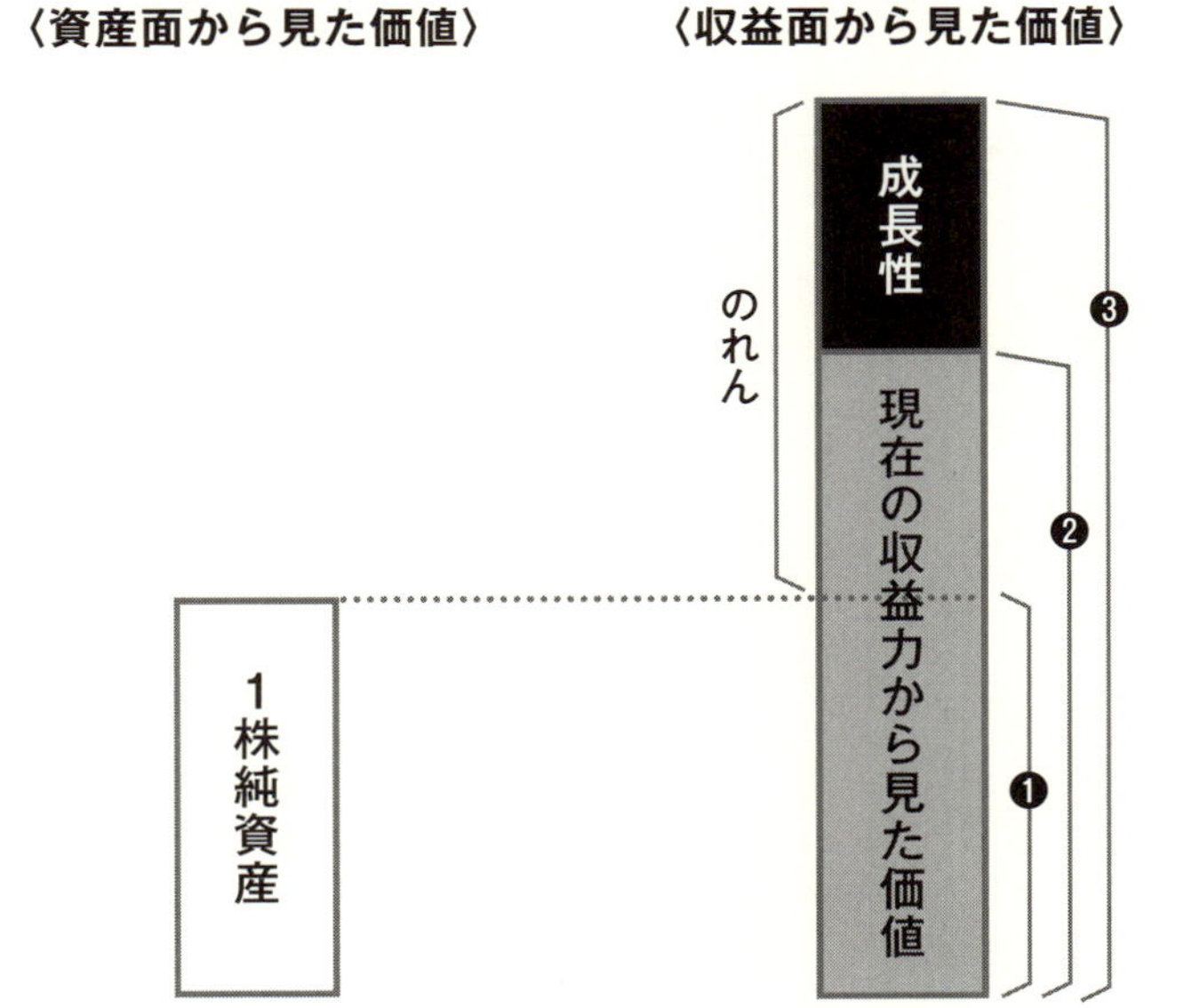

株の価値は、成長性まで含めて③と考えていい。しかし、①→②→③となるにしたがって、安定性・確実性は低下していく。収益力は変動してしまう可能性があるし、成長性はさらに不確実性が高い。それに対して①の1株純資産の価値は、自己資本比率が高くて収益も安定していれば、安定性・確実性の高い価値といえる。

と考えられます。

1株益というのは、その会社の1株当たりの純利益（税引き後の利益）。要するに、その会社が1株当たりどのくらい稼ぐ力があるかを示す指標です。

そして、PERは1株益に対する株価の倍率です。たとえば、

【A株】
1株益　50円
1株純資産　500円
株価　500円

というA社の株について考えると、PERは10倍（株価500円÷1株益50円＝10倍）ということになります。

株式市場では、投資家たちはその会社の1株益がいくらかを確認して、その何倍のPERが妥当かを考えながら売買しています。

たとえば「この会社は先行き不安だからPER10倍でも売ってしまおう」とか、「この会社は成長性が高いからPER20倍でも買っておこう」というようにです。

株式市場に参加している投資家たちが弱気になれば株価は下がってPERもすごく低くなることがあり、こうしたバーゲンセールのような時は株を買うチャンスといえます。

一方、投資家たちがすごく強気になれば高いPERでも株が買われるようになり、全体的に株式市場がかなり高いPERになることもあります。こうしたバブル状態のような時には株を売るチャンスになります。

このような市場の変動を利用して、株価が割安になった時に買って、割高になった時に売れば儲かる、というのがグレアムの考えです。

では、PERは何倍が妥当なのでしょうか。

主要各国の株式市場の平均PERは歴史的に見て10～20倍くらいで推移しており、平均すると15倍くらいとなります。これが標準的な水準として多くの投資家たちから意識されているメドです。

そう考えると、

その株の価値＝1株益×15倍

というのが有力なメドといえます。

これはかなりおおざっぱな見積もりですが、その株のおおよその価値を見積もることができる有力な考え方です。

株の価値の見積もりはおおざっぱでもおおよそ正しければいいのです。そもそも、株の価値を正確に見積もるのはプロでもなかなか難しい作業であり、プロ同士でもしばしば見解が分かれます。ですから、株の価値というのは「だいたいこのくらいだな」という値を見積もればいいと思います。

大切なのは、おおざっぱに見積もった価値よりも大幅に安く株を買うことです。そうすれば、多少の計算のズレはあまり重要ではなくなります。これがグレアムの考えです。

再び、「株の価値＝1株益×15倍」という公式に話を戻しましょう。

ここで考えなければいけないことは、企業がその収益力を持続できるのかどうかです。

株の価値の計算はおおざっぱでいいとしても、この計算の前提となる1株益が将来的に大きく低下するなら計算は大きく狂ってしまいます。前出の式がその株のおおよその価値を示すというのは、あくまでも現在の1株益が維持できることが前提なのです。

さきほどのA社の例でいうと、1株益50円が持続できるのかどうか、という点が問題になります。もし将来的にA社のこの収益力が保たれるなら、A社株は、

1株益50円×PER15倍＝750円

をほぼ妥当な株価水準と考えていいといえるでしょう。もし現在の株価が500円なら、それはだいぶ割安ではないかということになります。

しかし、A社の1株益が将来的に30円くらいに下がりそうなら、この30円を15倍した450円くらいが妥当な株価水準ではないか、と考えられます。そうすると、株価500円という今の株価ではお買い得ではなくなってしまいます。

このように収益面から見た株の価値というのは、その会社の収益動向に大きく左右さ

「収益面から見た価値」は下がることもある

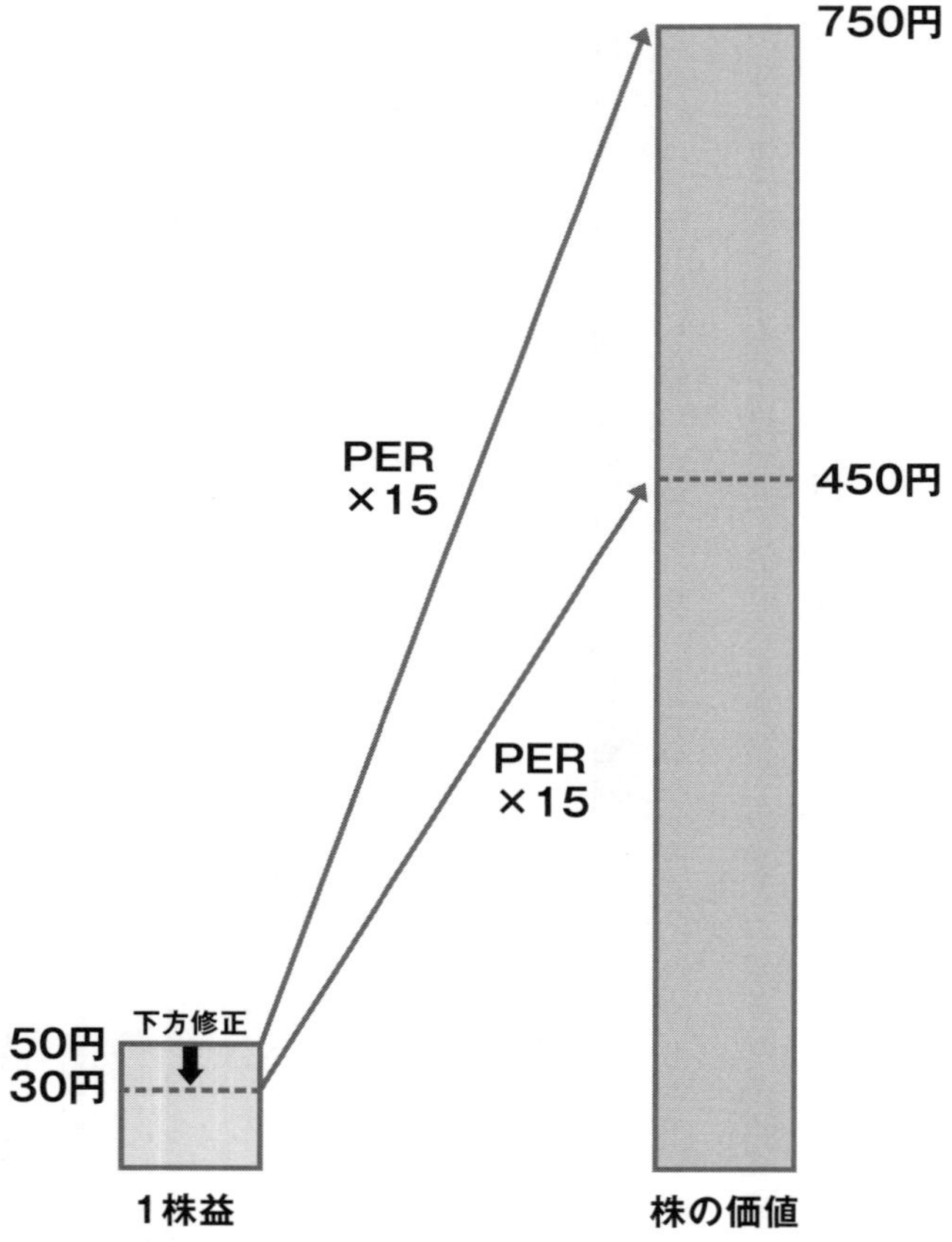

収益（1株益）が揺らぐと、収益面から見た価値も揺らいでしまう。

れてしまいます。そこで、投資対象の会社としては最低でも収益が安定していること、できれば安定して少しずつでも成長している状態が望ましい、ということになります。

「安定した業績、明るい見通し、強い財務体質」の3条件を確認する

そこでグレアムは銘柄選別において、
❶過去10年間安定的に成長してきた実績を持つ
❷今後もそうした安定成長が続きそう
❸財務体質が強い
という条件を示しています。

グレアムは実際にはもう少しさまざまな条件をきめ細かく示していますが、そのエッセンスを集約するとこの3条件になります。

過去10年の業績については会社のホームページで確認すればいいでしょう。

ほとんどの上場企業はホームページの中にIRページ（投資家向け情報のページ）を設けており、有価証券報告書をアップしています。その資料を見ると5年間の業績推移が出ているので、現在の決算短信と5年前の決算短信をつなぎ合わせてみれば、10年の業績推移を見ることができます。

10年間赤字を出すことなく、年平均2～3％のペースで安定して成長し、10年で合計3割程度利益が伸びていれば合格、というのがグレアムの示す基準です。

そして、今後も安定成長が続きそうかどうかは、その会社の事業内容を考えて、

・その会社の強みは何か
・その会社の商品やサービスに対する今後の世の中の需要はどうか

などを考えてみるといいでしょう。

財務体質の強さについては、まず自己資本比率を確認しましょう。自己資本比率というのは、資産に対する自己資本の割合です。資産から負債を差し引いた金額は、その会

社の純然たる資産という意味で純資産といいますが、自己資本もほぼそれと同じ意味と考えてください。ですから、自己資本比率というのは、資産のうち負債でない部分の割合ということです。これが高ければ高いほど、資産に対する負債の比率は低いということになり、経営の安全性は高まります。

一般的に自己資本比率が50％以上あれば、借金が少なくて財務体質が強い可能性が高いと考えられます。

財務体質が強ければ資金繰りにも余裕があり、不況も乗り越えて安定成長を続ける可能性が高く、1株益が今後安定して推移するという信頼感が高くなります。ですから、自己資本比率が高い場合、「収益面から見た価値」に対する信頼感は高くなるわけです。

また、この後で見る事柄に関連するのですが、自己資本比率が高ければ、資産の質が高い可能性が高く、資産から見た株の価値の信頼性も高くなります。一口に資産といってもさまざまなものがあって、資産の質が高いケースや低いケースがあるのです。

株の価値の３段階

次に資産面から株の価値を考えてみましょう。

資産面から見た株の価値は1株純資産という数値で考えられます。

先ほども説明した通り、純資産というのはその会社の資産から負債を引いた金額で、純粋にその会社の資産価値といえる部分のことです。そして、その1株当たりの金額が1株純資産なので、「資産面から見た株の価値＝1株純資産」といえます。

そして、この資産面から見た価値に、のれん価値（資産価値を超えた、収益面や将来性の価値）が加わって、その株の価値が決まるのです。

以上のことを、先ほどのＡ株で図示すると左ページの図のようになります。

現在の収益面から見た価値は、１株益×ＰＥＲ15倍＝７５０円です。この７５０円と1株純資産５００円の差額がのれんの価値です。

これにさらに、収益力が拡大していく可能性が高いなら、成長性という価値を加えて

「株の価値」とは何か？

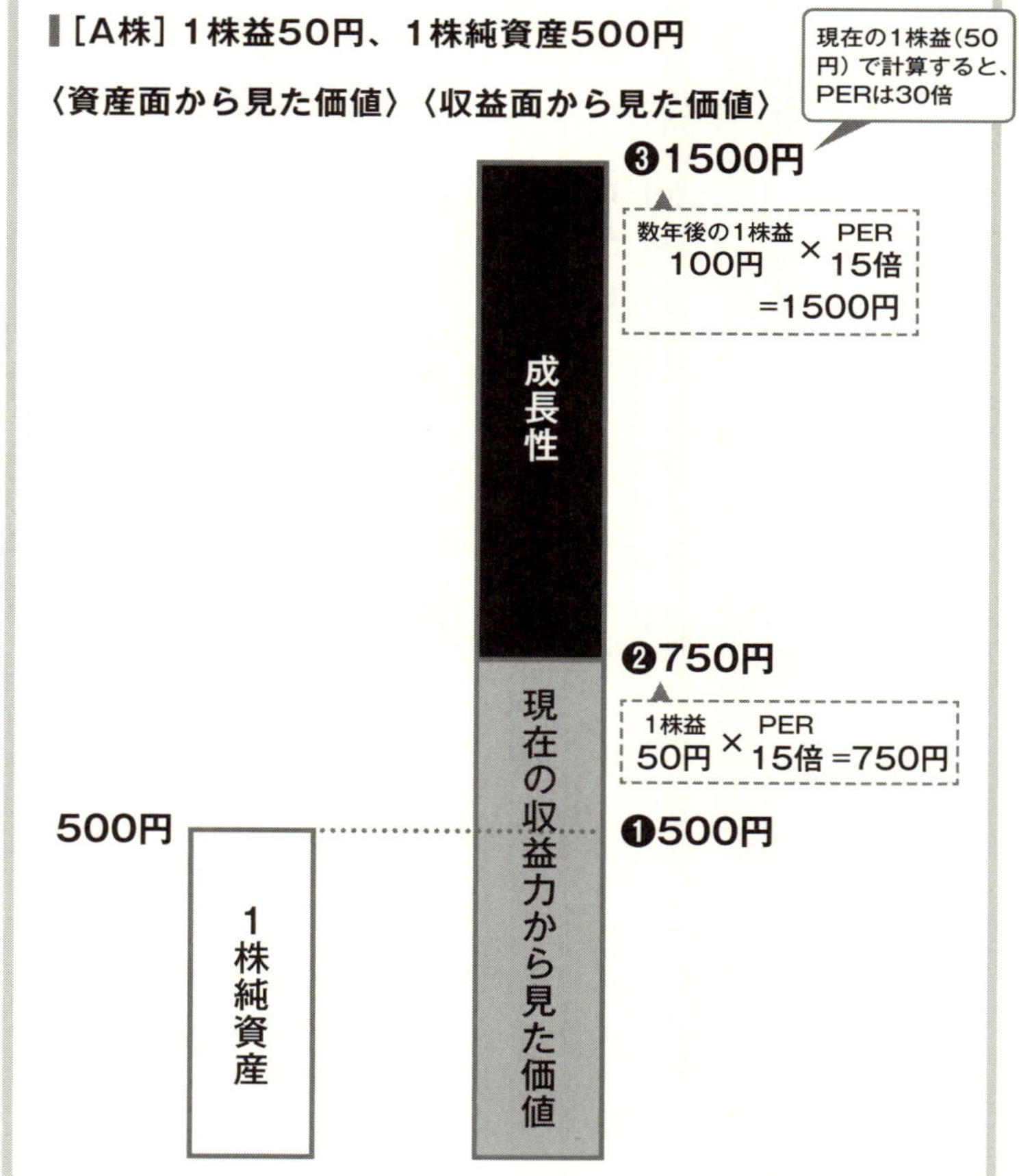

※現在の1株益とは通常は「今季予想1株益」を指す。

いくということになります。たとえば、数年後に1株益が100円くらいになりそうだと考えられる場合、そういう成長性を織り込んだ株価は100円×15倍＝1500円となります。

このように、「妥当な株価」の評価は、資産価値、現在の収益力から見た価値、将来性を加味した価値、と3段階に分けることができます。
これらのうちグレアムが重視したのは資産価値と現在の収益力から見た価値であり、グレアムはそれらによって株の売買を判断したのです。

割安株投資の基本❷

株価変動を利用して、大幅に割安な水準で買う

さて、株の価値の考え方をざっと理解したわけですが、次のステップとして、株価変動を利用して、大幅に割安な水準で買う、ということについて考えましょう。
ここでいう「大幅に割安な水準」ということについて、具体的には、

・その株の現在の収益から見た価値の3分の2以下（PER10倍以下）
・かつ、資産価値を大きく上回らず、できれば資産価値以下

というメドをグレアムは著書の中で示しています。

そして、その後順調に株価が上昇した場合には、「現在の収益から見た価値の水準」まで来たら目標達成と考えて売却します。

先ほどのA株の例ですと500円以下で買えば、買いの条件が満たされることになります。

たとえば、A株を500円で買ったとします。そのあと株価が上昇した場合には、現在の収益から見た価値として計算できる750円が売却の目標になります。

かりに見込みが外れて、A社の業績が予想外に悪化してしまった場合には、「収益から見た株の価値」は低下して、株価も下落してしまうかもしれません。

しかし、1株純資産の水準が株価の下落メド（サポートライン）になる可能性があります。

もちろん、1株純資産の水準を株価が大きく割り込んだ状態で株価低迷が続いてしまうようなケースもありますが、一般的にそうした状態になりやすいのは、財務体質が悪く、収益力が弱くて将来的に赤字で苦しみそうな会社です。

財務体質が強くて、収益力も安定しているような会社の場合、一般的にはその株の価値は「最低でも1株純資産はある」と考えられますし、実際にそのように評価して取引する投資家が多いのです。ですから、そうした会社が一時的に業績を悪化させても、1株純資産の水準くらいで下げ止まることが多く、それを割り込んだとしてもそう大きくは割り込まない可能性が高いといえます。

私の経験では、こうしたケースで株を売却するとしても、1株純資産から1割程度の損失で処分できるのではないかと思います。これは、あくまでも財務体質が良くてもともと収益の安定性がある会社ならば、という前提ですが……。

以上のことを踏まえると、「A株を500円で買う」という投資のリターンとリスクについては、成功する場合には250円の利益、失敗した場合には50円の損失、という風に考えられます。つまり、50円損するリスクをとって、250円のリターンが狙えるということです。A株のように財務体質がよくて収益が安定している株をPER10倍、PBR1倍というような割安な水準で買えば、もちろん成功する確率のほうが高いと考えられるでしょうし、失敗した場合のリスクと成功した場合のリターンが5倍ほども違いますから、これはまさに、低リスクで高い収益を見込めるかなり有利な投資案件といえます。

グレアムはこうした株を、5銘柄以上に分散して投資することをすすめています。分散投資の場合、中には失敗する投資も出てくるでしょうが、トータルでは高い確率で安定した収益を狙うことができる、と考えられるからです。

このようにグレアムは、何重にも安全策をめぐらして守りを固めつつ、高いリターンを狙う戦略を考えました。

「安い時に買い、高くなったら売る」をしっかり実行するために

さて、「株の価値を見積もって、大幅に割安な水準で買って、妥当な水準まで上昇したら売る」というプロセスを見たわけですが、「株の価値を見積もる」ことさえできれば、あとはそれに対して安い水準になる時を待って買うだけですから、これは簡単なように思われます。

しかし、この「安い時に買って、高くなったら売る」という単純な投資は実際にやってみるとなかなか難しいものです。私自身20年近く投資経験がありますが、この単純な投資行動がいまだに難しく感じます。

株価が大幅に下がっている時というのは、経済や株式市場全体の雰囲気が暗くて、相場見通しに対して弱気な発言をする人が増えている時です。だからこそ、安い値段でも株を売る人がいるわけです。あなたはそうした弱気な声や暗い雰囲気に抗《あらが》って株を買うことができるでしょうか。

株をすごく割安な値段で買うためには、その値段で売ってくれる人がいなければなり

ません。この時に株を売る人はどういう考えでこの株を売るのでしょうか。一般的には、「この株はまだ下がりそうだ」という見通しでその株を売るわけです。その弱気な見通しが外れ、自分の強気な見通しが当たるということが簡単にいえるでしょうか。株価が大きく下落して一見割安になったように見えても、実はあなたの知らない悪材料が隠されていて、それを知っている人が「こんな安値で売るのは嫌だけど、もっと株が下がる可能性があるから仕方ない」と考えながらあえて売っているのかもしれません。

何か屁理屈をこねているようですが、実際に株価が大きく下落した時に株を買っても、そこからさらに大きく下落してしまうということはしばしば起こります。私自身、そうした「下手な安値買い」、あるいは「安易な安値買い」によって失敗して資産を失うという経験を何度もしていますし、いまだにそういう失敗はゼロにはなりません。

ここで何が言いたいかというと、「株が大きく下がったから買う」という投資で成功するのは難しく、「安易な安値買い」は失敗する危険があるということです。これは投資家にとって大変悩ましい問題ですし、決して簡単な問題ではありません。

安値買いで成功するためには、

・どうしてそんなに株が下がってしまったのか
・そんな安い値段でこの株を売っている人たちはどういう理由で売っているのか
・自分がこの株をここで買う理由は間違っていないのか

ということをもう一度よく検討した上で、「ここで株を売っている人は間違いで、自分が正しい」とある程度確信が持てる状態で買うことです。

どのように検討するかという点については、ここまで述べてきたように、

・業績の安定性
・事業内容
・財務の安定性
・資産から見た割安さ
・業績から見た割安さ

などの項目から、「やはり、どう考えても割安だし、リスクとリターンの比率から考えても有利な投資案件だ」と言えるかどうかを考えます。

一方、株価が高くなってきた時には、強気な相場見通しを言う人が多くなり、「まだまだ株は上がる」という明るい雰囲気が株式市場に充満します。そうした強気の声や明るい雰囲気に抗って株をきちんと売ることもまた難しいといえます。

そこで、目標に達したのに売らずに持ち続ける場合には、どうしてそのようにするのかの理由を明確化しましょう。もし明確な理由が見いだせないのであれば、当初の目標通りにきちんと利益確定売りをするのがいいでしょう。

ミスター・マーケットに翻弄されず、利用する

グレアム自身、若い日には株価変動に大いに悩まされ、翻弄され、ゆえに株価変動というものについて深く考えるようになりました。

そして、「株価変動に翻弄されるのではなく、それを利用することが大事である」と

いうことと、「株価変動を利用するにはどうしたらいいのか」ということを深く考え続け、著書にも多くのページを割いて書いています。

グレアムの結論としては、
- 株価変動というのは長い目で見ると株の価値をきちんと反映する形で動くが、短期的には株の価値とは無関係に、上がりすぎたり下がりすぎたりするものだ
- そして、株の価値をきちんと見極めた上で、上がりすぎや下がりすぎの場面を利用して有利な値段で売買する
- さらに、株が上がりすぎたり下がりすぎたりする場面は、投資家たちが心理的に揺らぐことで起こるので、そうした心理的な揺らぎに影響されないこと

などが挙げられます。

投資家たちの心理的な揺らぎというのは、過度の不安状態に陥って価値に関係なく株を投げ売りしたり、相場が過熱して上がる中で急激に資産を増やす人たちを見て「自分も儲けなきゃ」と焦って価値に関係なく株を買いあがったり、という状態のことです。

株価変動を利用する

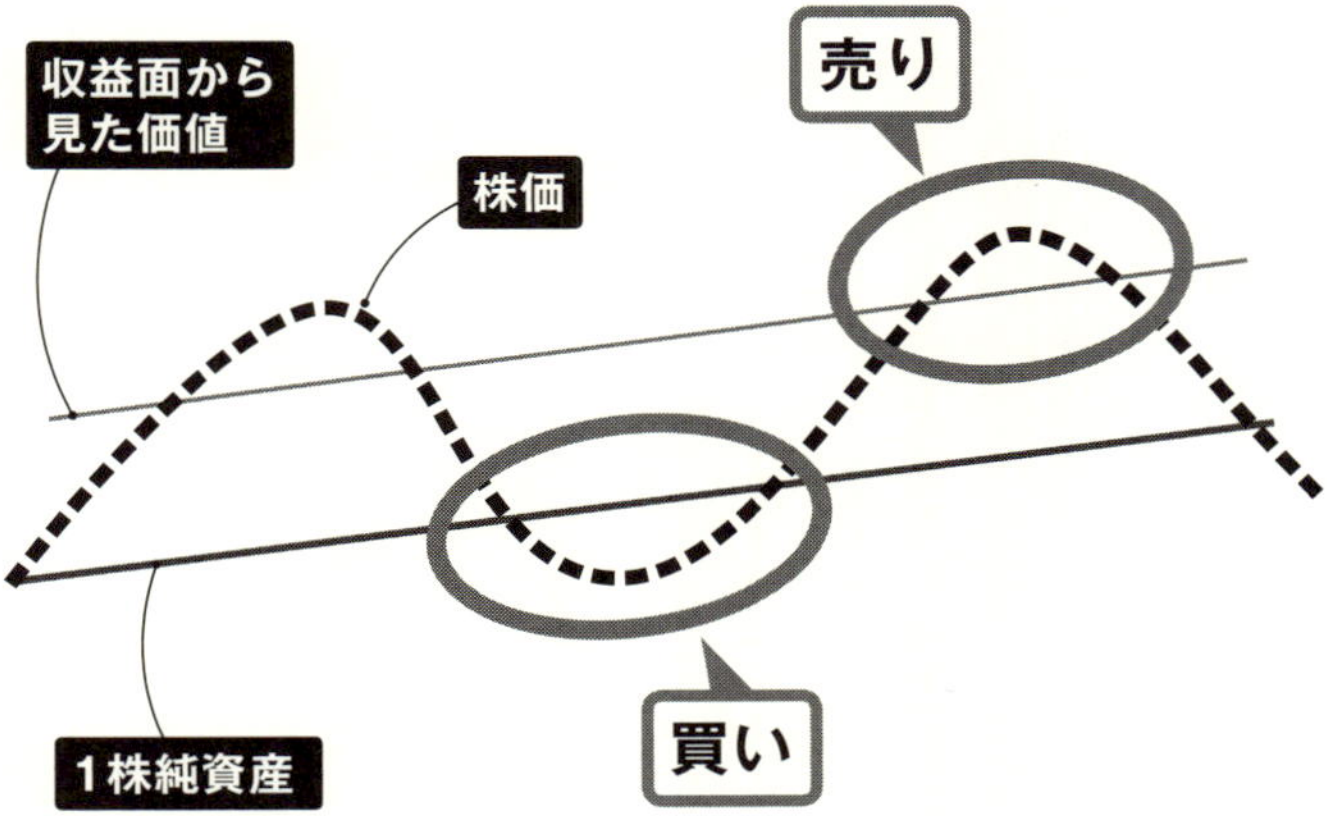

狙うべきは、資産や収益から見た「価値」が安定して増えていく会社の株。そうした株が大幅に割安になったら絶好の買いチャンス。
株価は長い目で見ると、「価値」に見合った水準になるが、短期的にはその「価値」を無視するかのように大きく上下動する。そこに買いチャンス、売りチャンスが生まれる。

いずれにしても不安や欲望に駆られて興奮状態になると、冷静な判断ができず、価値に関係なく株を投げ売りしたり高値買いをしたりするという投資行動が集団的に起こります。これは今も昔も変わらず株式市場で繰り返されていることです。

グレアムは、くれぐれもそうした集団ヒステリー的な動きに巻き込まれずに、冷静にそれを利用することを考えるべきだというのです。


このことについてグレアムは「ミスター・マーケット」という架空の人物による一つのたとえ話を本の中で書いています。それは次のような話です。

ミスター・マーケットという人がいて、自分はその人とある会社に100万円ずつ共同出資しました。

ミスター・マーケットはとても世話好きで気のいい人で、その持ち株の価格に関する彼の考えを毎日教えてくれ、その価格であなたの持ち分を買い取ってもいいし、彼の持ち分を分けてもいいといってきます。

彼のいってくる株価は、自分が考えるその企業の価値に見合っていて適切だと思える時もあります。しかし、ミスター・マーケットはしばしば理性を失っているのではないかと思えるほど異常に安い価格や異常に高い価格を提示してくることもあります。

さて、こうした場合、自分の持ち株の評価を日々のミスター・マーケットの言葉にしたがって決めるでしょうか。

ミスター・マーケットのいってくる株価に惑わされずに、彼が途方もない安値を提示してきたら株を買い、途方もない高値を提示してきたら売ることもできます。これはとても幸運なことです。しかし、それ以外の時には事業内容や財務状況に関するデータに基づいて、自分の持ち株の評価について自分なりの考えをしっかり持ち続けるのが賢明といえるでしょう。

さて、もうおわかりの通り、ミスター・マーケットというのは株式市場そのもののことです。株式市場は短期的には非合理な動きをすることが多々あり、異常な高値や安値をつけることがあります。そうした中で、欲望と恐怖によってヒステリックにふるまう投資家の側ではなくて、その動きを利用する冷静で合理的な投資家になる必要があります。

そのためには、その株の価値についてしっかりした考えを持つことと、リスク管理をしっかり行うことが必要です。リスク管理というのは具体的には大きすぎる金額を投資しないこと、分散投資を心がけること、失敗したと考えられる場合は早く損切りする、などです。

株の価値についてどんなに正しい判断をしても、あまりに大きな金額を買いすぎると、ちょっとした株価の揺らぎによって自分の気持ちや判断も揺らいでしまいます。予想外の株価の変動が起こった時にも冷静に対処できるように、大きすぎる金額は投資せず、分散投資を心がけることが重要です。

成長株投資の落とし穴と可能性

さて、「株の価値」の考え方では、資産面から見た価値、現在の収益から見た価値、成長性も含めた価値の3段階がありましたが、グレアムの投資戦略では現在の収益面から見た価値までしか考慮せず、将来性の部分については考えに入れていませんでした。

A株の例でいうと、株価が750円の場合、すでに資産から見た価値を大幅に超えていますし、現在の収益から見た価値と比べても割安さはありません。ですから、グレアムの基準では株価750円のA株はもう買う対象にはなりません。むしろ、安い水準で買っていた場合には利益確定売りをする水準と考えられます。

しかし、成長性も含めた価値が1500円と考えられるとすれば、A株を750円で買っても値上がり余地は十分大きく魅力的と思われます。これは将来性の価値の部分に目をつけた投資で「成長株投資」という考え方です。

実は、グレアムは成長株投資には否定的な考えでした。特に、高い利益成長率の株式への投資には否定的です。一般的には、高い成長力を持つ会社の株への投資はとても魅力的に思えます。1株益が大きく拡大すれば、株価も大きく上昇する可能性が高いからです。実際に成長株投資で大きな財産を築いている投資家もたくさんいます。それにもかかわらず、どうしてグレアムはそれに否定的だったのでしょうか。

その理由は、

- 高い成長率は安定して続かないケースが多い
- 高成長企業はPERがかなり高いケースが多い
- 高い成長を目指した経営は、一度歯車が狂うと大きく失速しやすい

・高PERな状態で業績が悪化し始めると株価が大きく下がりやすい

というようなことでした。

たしかに高成長を続けるのはなかなか大変なことです。成長が途中で鈍化してしまうケースも多いでしょう。それどころか、高成長企業の中には高成長を目指して無理な経営をしている会社もあり、その場合一度経営の歯車が狂うと修正するのが難しく業績が大きく悪化してしまうことも多々あります。

高成長株は人気も高く、高PERになっていることも多いのですが、成長率が落ちてくると株価が大きく下がってしまうリスクも秘めています。

たとえば、次のような例を考えてみましょう。

【B株】
1株益　前年100円、今年130円（予想）
株価　　3900円

今年の予想1株益130円に対して、株価は3900円ですから、

今期予想ベースのPER＝3900円÷130円＝30倍

となります。
かりにこの企業の利益が30％という高いペースで伸び続けるのであれば、3年後の1株益は2倍以上の286円になる計算です。1株益が286円になれば、株価が3900円でもPERは14倍弱であり、それほど高くないことになります。

3900円÷286円＝約13・6倍

しかし、期待が少し裏切られて、B社は今年の1株益予想を20％下方修正して104円になったらどうでしょう。これでも前年の100円からは伸びていますが、成長率は4％に低下してしまいます。これではPER30倍という高い評価を維持するのは難しいでしょう。

この場合、投資家たちは期待が裏切られたと失望して株を投げ売りする可能性が高いと考えられます。低い成長率になってしまうわけですから、投資家の評価もPER15倍と平均的な水準に下がってもおかしくありません。こうなると株価は、

1株益104円×PER15倍＝1560円

となってしまいます。

利益を20％下方修正しただけで、株価は3900円→1560円と60％も下落してしまうことになるのです。

これはあくまでもシミュレーション上の計算ですが、現実でもこれに近い動きは株式市場でしばしば起きています。

私の経験からいっても、グレアムのいうように、高成長株の取り扱いはなかなか難しい面があると思います。高成長株は魅力的ではありますが一筋縄ではいきません。まず、現在の高い成長率が持続できるのかどうか、本物の成長株といえるのかどうか、という見極めが大変難しいのです。さらに、見込みが外れたら株価が大きく下がる可能性があ

高成長・高PERのリスク

**年30%、3年で利益2倍以上が
見込まれている会社の場合…**

1株益 **130円** × PER **30倍** ＝ 株価 **3900円**

1株益が20%下方修正された！
PERも低下

104円 × **15倍** ＝ **1560円**

株価は3900円
➡1560円と
60%も下落
してしまう!!

株価は「1株益×PER」で決まる。高成長・高PERの株が業績下方修正をして期待を裏切ると、1株益に加えてPERも大きく低下する。その掛け合わせで株価は下方修正率の何倍も下落することが多い。

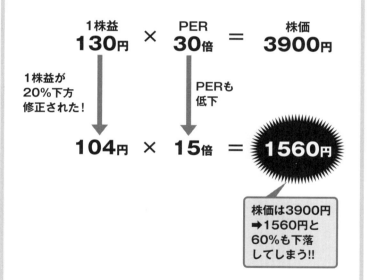

るというのもやっかいな点です。

もちろん、中には1株益が何倍にも成長して株価も何倍にも成長していくような成長株も存在します。しかし、本物の成長株であるほど、株価は資産から見た価値も現在の収益から見た価値も超えてしまっていることが多く、その場合投資する手がかりとしては成長性だけが頼りになってしまいます。

しかし、成長性の予想は不確実なものですし揺らぎやすいものでもあります。ですから、こうした会社の株価はどうしても期待と不安の間で株価が大きく揺れ動きがちであり、投資家としてはこのような株価変動にも耐えなければならないのです。

一言でいえば、成長株投資はあまりにも不確定要素が大きく、株価の揺らぎも大きいといえます。守り重視のグレアムとしては、こうした投資はやはりどうしても受け入れられないという結論になったのでしょう。

もちろん、先ほども述べた通り、成長株投資で大成功している投資家もいます。本書に登場する投資家のなかにもそうした投資家はいますし、グレアムの一番弟子であるバフェットでさえ、「本来の価値よりも大幅に割安な株を買う」というグレアムの投資の考え方の基本的な枠組みは守りつつ、投資家人生の中盤からは徐々に成長株投資に移行して、前人未到の成功を収めるに至りました。
そう考えると、私たちとしてもやはり成長株投資の方法も身に着けたいところです。では、グレアムでさえ難しいと放棄した成長株投資について、私たちはどのように取り組んだらいいのでしょうか。

次の章は、バフェットの2番目の師匠であり成長株投資の巨匠であるフィリップ・フィッシャーについてみていきます。フィッシャーについてはグレアムも、「(成長株投資は難しいが)有望な成長株を言い当てることに成功し続けている例外的なアナリストもいる」として本の中で紹介しています。成長株投資を学ぶには避けて通れない投資家といえるでしょう。

第2章

一生の伴侶を探すように成長株を探す

フィリップ・フィッシャーに学ぶ
「成長し続ける株」の探し方

Philip Fisher

イラスト：森宏

■フィリップ・フィッシャー　*Philip Fisher*

15のチェック項目で何十年も成長する株を見極める

フィリップ・フィッシャー　1907年生まれ−2004年没。スタンフォード大学のビジネススクールで経営学を学んだ後、証券アナリストなどを経て1931年に投資顧問会社を設立。数十年成長し続けて何十倍にもなるような超成長株投資の理論を打ち立てて成功。バフェットのもう一人の師匠でもある。代表的な著書は1958年に書いた『フィッシャーの「超」成長株投資』。

バフェットに影響を与えた「成長株投資の巨匠」

フィリップ・フィッシャーはウォーレン・バフェットに成長株投資のエッセンスを伝授した人であり、成長株投資の巨匠と呼ばれる人です。割安株投資の巨匠ベンジャミン・グレアムとほぼ同時期に活躍し、彼とは対照的な投資法を実践して成功した人でもあります。

フィッシャーは大学卒業後に証券業界に入ってアナリストの職などに就き、1931年、24歳の時に独立して投資顧問会社を設立しました。そして、それ以降2004年に96歳で亡くなるまで成長株一筋の投資家人生を歩みました。

1929年の株価大暴落後の世界恐慌の最中に投資家人生をスタートし、その後20世紀のアメリカ経済の成長とともに人生を歩み、その恩恵を最も大きく受けた投資家の一人といえます。

大学では経営学を学び、大学教授と毎週さまざまな企業を訪問してディスカッションするという実地訓練を受ける中で、「良い会社の条件とは何か」、「持続的に発展する会社とはどんな会社か」ということに大きな関心を持つようになりました。

そして、証券業界で3年ほど過ごした24歳の時には、「徹底した調査により、本当に優れた少数の会社に絞り込んで投資すれば成功できる」と確信して独立したのです。

フィッシャーのいう本当に優れた少数の会社とは、何十年にもわたり成長し続け、株価が何十倍にも値上がりするような会社のことです。実際にフィッシャーは、ダウ・ケミカル、モトローラ、テキサスインスツルメンツ、コーニングなどごく少数の銘柄に絞り込んで徹底的に調査した上で投資し、それらを顧客とともに何十年にもわたり保有し続け、いずれの銘柄でも何十倍、あるいは何百倍という大きなパフォーマンスを実現しました。

フィッシャーはこのような長期的に何十倍にも成長する潜在性を持った会社を「ごく少数の圧倒的成長力を持つ会社」といい、そうした株だけに絞って徹底的に調べて投資することを個人投資家にすすめています。そして、そうした「ごく少数の傑出した成長株」を見分けるための「15のポイント」を著書の中で説明しています。

これからその15項目を紹介しますが、読んでいただくとおそらく、「なるほど」と納得できる反面、項目によっては「どうやって調べたらいいのだろう?」という疑問がわいてくることでしょう。実は私もフィッシャーの本を読んでそう思いました。はっきり言って、調べようがないなという項目もあります。しかし、それはそれで、「機会があったら知りたいな」と心に留めておくだけでもよいのではないでしょうか。「フィッシャーの15項目」について、できるだけ調べたり考えたりしてみて、「これはかなり良い会社だな」と思う会社を選んでいけばいいと思います。それだけでも成長株選びにはかなり役立つことでしょう。

フィッシャー流の銘柄調査法——資料で準備して、「聞き込み」をする

フィッシャー自身がどのように投資先の会社のことを調べているかというと、良さそうだなと思った会社を見つけたら、まず、

・決算短信または有価証券報告書
・新聞や雑誌の記事
・アナリストレポート

などの資料にできるだけ当たります。

決算短信や有価証券報告書は、会社が3ヵ月ごとに作る業績や財務内容の報告で、会社のホームページで見ることができます。会社のホームページは、その他にもその会社を詳しく知る手がかりがたくさん書いてありますので、ぜひ利用しましょう。

新聞記事については、一部の証券会社が『日経テレコン21』というとても便利なサー

ビスを提供しています。これは『日本経済新聞』や日本経済新聞社の専門紙の記事検索などができるサービスです。こうしたサービスで調べたい企業の記事を検索するのも有効でしょう。

もちろん、普通にネットで検索してその会社についての記事を調べるのもいいでしょう。このような調査は個人投資家でも手軽にできることですし、ある程度のことは調べられると思います。

以上のような調査をした上でフィッシャーは、会社関係者に話を聞いて回る「聞き込み」を行います。

会社の関係者というのは、経営者、社員、取引先、ライバル会社などのことです。

私たち一般の個人投資家には経営者や従業員に直接話を聞く機会というのはなかなかありませんが、

- 株主総会、個人投資家向け説明会
- IRイベント

・ＩＲ担当者への電話問い合わせ
・ライバル企業や取引先のＩＲ担当者への電話問い合わせ
・知り合いの社員や関係者

など、できる範囲での機会を利用すれば、フィッシャーの「聞き込み」に近い作業ができると思います。

株主総会は最低単位の株数を持っていれば出席できます。また、最近は個人投資家向け説明会というのも増えています。

ＩＲイベントについては、『日本経済新聞』や東京証券取引所、その他の取引所が大々的に行うものがあります。そうしたイベントでは上場企業が数十社集まり、投資家向けのミニ説明会を開催したり、質問に応じてくれたりします。

また、具体的に質問があれば、ＩＲ担当者に電話で質問してみるといいでしょう。上場企業ではＩＲという投資家対応専門の部門が必ずといっていいほどあり、個人投資家への質問にも丁寧に答えてくれる会社が多くなっています。

とにかく、「少数の傑出した成長株」を探すためにはさまざまな情報に当たり、狙いをつけた企業を掘り下げるためにできる限り調べるというのがフィッシャー流なのです。

傑出した成長株を探す「フィッシャーの15項目」

以上のことを踏まえて、具体的にフィッシャーの「少数の傑出した成長株を探す15項目」について見てみましょう。

理解しやすくなるように、フィッシャーの本に書かれている番号とは順番を変えた上で、グループ分けしながら説明していきます。

なお、フィッシャーはハイテクや化学など技術系の会社に特化して投資していたため、この「15項目」についても主に技術系の会社をイメージしてまとめられたものだと思われます。しかし、サービス業などその他の業種にも当てはまる部分は大いにあると思いますので、ぜひ参考にしましょう。

フィッシャーが挙げた「少数の傑出した成長株」を選ぶための15項目は、「売上拡大を続ける力」、「利益を生み出す力」、「人材・経営者の質」、「投資家に報いる姿勢」、の

成長株を見極めるフィッシャーの「15の法則」

「売上拡大を続ける力」を見る6つのポイント

❶今後5年売上を伸ばせる商品を持つ
❷5年後以降も売上拡大が続けられるような新商品開発の見通しがある
❸研究開発に熱心で、そこから十分な成果を生み出す体制がある
❹独自の強い技術・ノウハウがある
❺営業部門が優れている
❻長期展望に立って企業運営がされている

「利益を生み出す力」を見る3つのポイント

❼売上高営業利益率が高い
❽売上高営業利益率を維持・改善するために十分な努力をしている
❾しっかりしたコスト分析・財務分析を行っている

「人材・経営者の質」を見る4つのポイント

❿良好な労使関係を築いている
⓫管理職の能力を引き出す環境がある
⓬優秀な管理職が豊富
⓭経営者は都合の悪いことも正直に語る

「投資家に報いる姿勢」を見る2つのポイント

⓮投資家に対して誠実
⓯増資するリスクがない

4テーマに分類できます。

それらをまとめると、

「長期にわたり売上を拡大し続け、そこからできるだけ多くの利益を生み出し、その利益を投資家に還元する姿勢があり、それらの能力や姿勢を裏付ける人材・経営者の質の高さが保たれているような会社」

ということになります。こうした会社こそ、フィッシャーが求める成長企業ということです。

傑出した成長株を見極めるポイント❶&❷

▼今後5年売上を伸ばせる商品を持つ
▼5年後以降も売上拡大が続けられるような新商品開発の見通しがある

今どんなに大ヒット商品を持っていて急成長していても、1～2年でブームが終わってしまうようなヒット商品しかないいわゆる〝一発屋〟では、フィッシャーの求める長期投資の対象にはなりませんが、そうした会社の株は短期的に株価が急騰する可能性があるので、割り切ってその上昇トレンドに乗るのもいいかもしれません。そのブームに早く気づけば、短期間で大きな利益を手にすることも可能でしょう。

しかし、その上昇相場の寿命は短く、値動きも荒くなりがちです。こうした株を含めて比較的短期間で大化けする株の捉え方としては、第5章で登場するウィリアム・オニールの「CAN-SLIM法」が参考になるでしょう。


フィッシャーの求める成長株は、そういう一発屋的な成長株ではなく、何十年にもわたり成長し続けるような「少数の傑出した成長株」です。

売上拡大を続けるには、良い商品やサービスを切れ目なく開発して、売上拡大を持続する必要があります。そうした会社かどうかを確認するためにフィッシャーが行うチェックは、「現在、良い商品を抱えているかどうか、それによって今後5年くらいは売上拡大が見込めるかどうか」です。

さらに、5年後以降も売上拡大を続けられるように、現商品の強化や新商品の開発に向けたプランをきちんと持っていることも求められます。

傑出した成長株を見極めるポイント❸

▼研究開発に熱心で、そこから十分な成果を生み出す体制がある

既存の商品の強化や有力な新商品の開発を続けるためには研究開発が重要になります。研究開発にどのくらい熱心かについては、やや細かい作業になり大変ですが、有価証券報告書などから売上高の何パーセントくらいを研究開発費に費やしているかを確認し、同業他社と比べてみるという方法もあります。

研究開発に注いだお金や労力が有効に生かされるような社内体制があるのか、特に研究部員たちが高いモチベーションを保てる環境があるのかどうかも重要ですが、これは外部からはなかなか確認できませんので、これまでの新製品開発の成果などで判断していくことになります。

また、新聞・雑誌の記事やテレビ番組などで研究部員たちが取り挙げられることがあったら、よくチェックしてみましょう。

傑出した成長株を見極めるポイント❹

独自の強い技術・ノウハウがある

研究開発以前の問題として、その会社の技術やノウハウ的な強みは何かをチェックしましょう。もともとの技術やノウハウの蓄積を生かした研究開発をすることで、そこから生み出される成果も大きなものとなります。

もともと持っている技術・ノウハウとまったく無関係な方向で研究開発が進められたら、それに費やしたお金や労力は無駄になる可能性が高くなります。

傑出した成長株を見極めるポイント❺

営業部門が優れている

売上拡大のためには営業力も大切です。営業力は、顧客とのコミュニケーションから得た情報を商品開発に生かす意味でも重要になります。

販売網やサービス体制、宣伝広告などが優秀かどうか考えてみましょう。

傑出した成長株を見極めるポイント❻

▼長期展望に立って企業運営がされている

研究開発や販売活動などが長期的な視点でなされていることも重要です。研究開発活動はすぐ収益になるものではありませんが、将来の売上を伸ばすためには今の収益をある程度犠牲にしても力を入れる必要があります。そうした意味で、研究開発に対する姿勢によってその会社に長期的視点があるかがある程度わかります。

また、顧客に対する対応も長期的な視野に立ってなされているでしょうか。たとえば何かトラブルがあった時、目先の収益を犠牲にしてでも顧客の信頼を勝ち取るためにコストが費やされているでしょうか。目先の利益を優先するなら顧客からのクレームにはできるだけ対応しないほうがよいわけですが、それは長い目で見るとその会社への信頼性を損ない将来の利益に対するマイナス要因になります。

傑出した成長株を見極めるポイント❼

▼売上高営業利益率が高い

売上拡大と並んで大事なのは、その売上からどのくらいの利益が上げられるかです。そのことをチェックするためにフィッシャーは売上高営業利益率をチェックします。

売上高営業利益率は、

売上高営業利益率＝営業利益÷売上高

と計算されるもので、売上高のうちどのくらいが営業利益として残るかという割合です。

利益にもいくつかの種類がありますが、営業利益は本業から上がる利益のことであり、売上高営業利益率が高ければ高いほど、その会社は収益性の高いビジネスをしていると見ることができます。

この指標で望ましいのは、「同業他社と比較して高く、しかも年々高くなっている」

という状態です。売上高営業利益率が同業他社と比べて高ければ、その会社は業界の中で強いポジションを築いていると考えられます。また、この指標が年々高まっているのであれば、収益性が改善傾向にあることを確認することができます。

傑出した成長株を見極めるポイント❽&❾

▼売上高営業利益率を維持・改善するために十分な努力をしている
▼しっかりしたコスト分析・財務分析を行っている

売上高営業利益率を高めるには、「商品の付加価値を高める」、「コストを下げる」などの企業努力が必要です。

そのためには研究開発や業務効率の継続的な改善活動が重要になります。

研究開発により他社が真似できないもので、多くの人が欲しがる商品を開発できれば、高い価格設定が可能になり高い利益率を得られます。

さらに、業務効率の継続的な改善活動でコストも下げられれば、売上高利益率はさらに高められます。この点では、日本の企業ではトヨタ自動車のカイゼン運動などが有名です。

一方、研究開発、従業員、取引先を犠牲にするコスト削減策では将来性は危うくなります。必要なコストはかけながら、魅力的な商品の開発と業務効率の改善活動を続けることが望まれます。

また、コスト削減を有効に続けるためにも、会社としてしっかりしたコスト分析・財務分析を行うことが必要になります。これは個人投資家にはチェックしづらいのですが、その企業がコスト削減に継続的に熱心に取り組んでいて、その成果が業績に表れていれば、この点でも優秀な会社と見ていいでしょう。

傑出した成長株を見極めるポイント⑩

▼良好な労使関係を築いている

優秀な人材が集まり、高いモチベーションで活動をする、ということもその会社の成長性の大きな要因になります。

そのためには、良好な労使関係であるかどうかが重要です。具体的には、「優れた研修制度やキャリアアップの制度」があり、業界内や地域内において「高い給与体系」であり、それらの結果として「低い離職率」となっているかどうか、という点をフィッシャーはチェックポイントとしています。

傑出した成長株を見極めるポイント⓫&⓬

▼管理職の能力を引き出す環境がある
▼優秀な管理職が豊富

会社の成長が持続するには、1人のワンマン経営者に依存するのではなく、次から次へと優秀な経営者が出てくることも必要です。
そのためにも、次代の経営者候補として、たくさんの優秀な管理職が高いモチベーションで働いていることが必要ですが、それには優れた研修制度、キャリアアップ制度、高い給与体系、低い離職率などに加えて、

- 創業者一族以外からも実力主義で経営者が選ばれる

・外部からでなく、内部から経営者が育っている

などの点が重要です。

創業者一族が大株主としてその企業を実質的に支配しているケースで、実力を無視して創業者一族ばかりが優遇されて出世し、それ以外の人たちは実力があっても出世できないようでは、管理職のモチベーションは上がりません。

また、管理職を将来の経営者候補として大切に育てていくような体制がなく、外部から安易に経営者を連れてくるようでは、管理職はやる気をなくすでしょう。

実際に、外部から安易に経営者を連れてくるケースは失敗することも多く、内部から経営者が育つような会社が長期的に繁栄することが多いとフィッシャーはいいます。

創業者によるワンマン経営の会社は、経営判断が早く大きな成長力を示すこともあります。また、そのワンマン経営者の子供も小さい時から経営者になるように鍛えられて実力をつけてから後を継ぎ、先代に負けないくらい会社を繁栄させるケースもあります。

要は、創業者の子供かどうかに関係なく、内部の管理職から次代の経営者をじっくり

育てて、実力主義で後継者を決めて、社内全体が納得できるようであればいいわけです。

傑出した成長株を見極めるポイント⑬
▼経営者は都合の悪いことも正直に語る

経営者の質はその発言内容からも判断できますが、
- 一貫性や合理性があるか
- 見通しが当たっているか
- 言ったことが実現できているか
- 悪いことを正直に語るか

などの点が重要です。

経営者の言うこととの合理性については、フィッシャーが挙げている15ポイントなどを手がかりにして判断してみるといいでしょう。

フィッシャーが特に重視しているのは「悪いことを正直に語るか」という点です。

多くの経営者は自分の悪い点はなかなか認めたがらず、業績悪化やその他悪いことが起きてもできるだけごまかして、「経済状態が悪かったから」などと環境のせいにすることが多いようです。

それに対して、悪いことを正直に語る経営者というのは、自社の状況を冷静に分析する客観性と、悪い点があればそれに真正面から向き合って改善する姿勢と能力を持っていると考えられます。

傑出した成長株を見極めるポイント⓮

▼投資家に対して誠実

その会社が良い投資対象であるためには、「投資家に誠実に報いる」という姿勢も必要です。企業がどんなにお金を稼いでも、それを経営者が自分の私腹を肥やすためにたくみにくすねとるケースもあるからです。

たとえば、自分の一族でペーパーカンパニーを作り、ペーパーカンパニーは実質的に何もしていないのに手数料やら経営指導料やらを払うというような操作をし、投資家のために使うべき利益を減らしてしまう、というケースをフィッシャーは指摘しています。

また、ストックオプションを乱発する会社にも気をつけようとフィッシャーはいいます。

ストックオプションは一定の株価で株を買う権利であり、経営者や従業員に成果連動性のボーナスとして支払われるものです。株価が上昇すれば、ストックオプションを行使して株を買い、それを時価で売ることで差額を儲けることができます。もちろん、ストックオプションは、経営者や従業員のモチベーションを高めるために適切な量が発行されるだけなら問題ありません。

しかし、ストックオプションがむやみに発行されてそれらが行使されれば、株数が大幅に増加して既存の株式の価値が低下してしまいます。極端な話ですが、発行済み株数が2倍になれば、既存の株主のその会社に対する持ち分のシェアは半分になってしまい、1株益も半分になってしまいます。これを株式の希薄化といい、株価下落の要因になります。

ストックオプションが発行されると、それは潜在株式として決算短信などに載りますし、希薄化後の1株益なども計算されて表示されます。それが数パーセント程度の希薄化ならばそれほど気にすることはないでしょうが、かなり大きな希薄化を伴う場合には、

「あまり株主のことを考えてくれないのかな」と考えたほうがいいかもしれません。

フィッシャーは配当についても述べていますが、配当をたくさん出せば「株主に対して誠実」とは考えていません。

成長性の高い企業の場合は、稼いだ利益は配当より会社の内部留保に回して成長のための投資に使うほうが、結果的には株主のためになることが多いからです。それによって、受け取る配当の何倍もの株価上昇が見込めます。「目先のわずかな配当のために、将来の大きな配当を犠牲にするのはもったいない」とフィッシャーは言います。

傑出した成長株を見極めるポイント⑮
▼増資するリスクがない

増資は、新規に株式を発行して資金を調達することです。それにより発行済み株数が増えるので、一時的に1株益が減少してしまいます。これを株式の希薄化と呼び、株価が下落する要因になります。

増資する可能性があるかどうかは、自己資本比率である程度判断できます。一般的には自己資本比率が50％を超えていれば財務的に余裕があり、事業拡張のための資金を自己資金でまかなうか、借金することでまかなうことができます。この場合には1株益の希薄化は起こりません。一方、自己資本比率が40％以下の場合には事業拡張資金が必要な場合に増資をすることがよくあります。借金をすると自己資本比率が一段と低下して経営が不安定になるからです。

これは絶対的な基準ではなく、あくまでもおおよそのメドです。40～50％の場合には、事業拡張資金が必要な時に自社株買いをするかしないかどちらの可能性も半々くらいといえるでしょう。

この15番目のポイントについてフィッシャーは、他の14項目に比べると重要度は低く、場合によっては満たさなくてもいいといっています。

まだ規模が小さくて成長性が大きい会社の場合には、財務体質があまり強くない一方で成長機会が多いというケースがよくあります。そうした場合にはどうしても事業拡張資金を増資に頼りがちになりますが、増資する可能性のある企業を投資先候補から弾き出してしまうと、こうした小さくて成長性豊かな企業を弾いてしまいかねないのです。

傑出した成長株を買うのにPER30倍くらいまでは許容範囲

以上、「フィッシャーの15項目」を見てきました。この項目を参考に良い銘柄を見つけたら、今度はそれをいつ買ったらいいのかが問題になります。

実はフィッシャーは売買のタイミングについてはかなりおおざっぱに考えています。

フィッシャーにとっては一握りの「傑出した成長株」を探すことが最大のテーマであり、そうした株さえ見つければ「どのタイミングで買っても、長期的に見れば大きな成果が上げられる」と言うのです。何しろ、何十倍にもなる可能性のある株を狙うわけですから、5割上がったとか、5割下がったという程度の値動きは些細だ、というのがフィッシャーの考え方です。

しかし、バブル相場のピーク近くで買うのと、バブル崩壊のどん底近くで買うのとでは、その後のパフォーマンスがかなり違ってくるのも事実であり、「成果をより大きくするためにはタイミングもある程度重要」ともフィッシャーは言っています。

まず、バブル的に株価が吊り上がっている時には、やはり株を買うのは避けたほうがいいでしょう。バブルというのは実態からかけ離れて株価が上がっている状態ですが、そういう状態かどうか見極める一つの手がかりはＰＥＲになります。

フィッシャーは株の割安さ・割高さやＰＥＲの水準について明確な基準は明言していませんが、傑出した成長株については平均的なＰＥＲの2倍程度は買う水準として許容範囲と考えていたようです。ＰＥＲ15倍程度が平均的な水準だとすると、ＰＥＲ30倍くらいまでは買う水準としてＯＫということになります。

しかし、それを超えてＰＥＲ40倍とか50倍とかそれ以上になるとやはり買う水準としては高すぎる可能性があるのではないでしょうか。

フッシャーが考える3つの買いタイミング

傑出した成長株を買うタイミングとしてフィッシャーがすすめるのは、

❶一時的に業績が悪化して株価が下落した時

❷新規事業が軌道に乗る前の試行錯誤の時期
❸リストラを着実に進めて成果が出てきているのに、株価がそれを織り込んでいない時

の3つです。

この中では❸のタイミングを捉えるのが一番わかりやすいと思います。成果が出始めていることはその銘柄をウォッチしていれば、業績などの数字で確認できるはずです。それにもかかわらず株価がなかなか上がらないということもよくあります。一度人気が離散してしまうと、投資家の目が行き届かなくなって復活の兆しが見逃されがちになるからです。そうしたことからよくウォッチしている投資家にとってチャンスを得やすくなるわけです。これは暗闇に薄日が差してきたことを確認して買う方法といえるでしょう。

一方、❶と❷は状況的に厳しい暗闇の中で手探りで買い場を探すような感じになるため、なかなか難しいと思います。

その理由は、その会社が不調に陥った時にそれが、一時的なのか、衰退への道を歩み始めたのか、どちらであるかの判断はなかなか難しいからです。

業績好調の時には「この会社はすごい会社だ」とたたえる記事や専門家が多くなりますし、投資家としても「やはりこの会社はすごいんだろうな」という判断になりがちである一方で、調子が悪くなってくるとその会社に関する問題点を指摘する記事や専門家が増え、投資家としても「やはり、もうこの会社はダメになってしまったんじゃないか」という判断に傾きやすくなります。こう考えると、会社が不調に陥った時にそれが「一時的だ」と判断してその株を買うというのはすごく難しいことだとわかります。

業績や株価が不調の時は投資家としてテストされている時

しかし、よく考えると、フィッシャーは「傑出した企業」というのはごくわずかであり、自分にとって理解できる「傑出した企業」となると、人生で数銘柄くらいだし、それで十分だ、といっているのです。その他の大半の企業については、判断が難しく感じるのは当たり前です。

大切なのは、自分が本当に納得できる「傑出した成長株」を持つこと。そのためには、自分が良さそうだと思った株についてできるだけ調べて、考え尽くすこと。そして、

「どう考えても、今後長期にわたって繁栄しそうだ」と心から納得し、「株価や業績や景気がある程度揺らいでもこの株なら信念を持って持ち続けられる」と思える株を買うこと。そうしたことが大切です。そのくらい自分で理解して納得してその株を買えば、一時的な不調で株価が大きく下落している時に悲観的情報や判断が耳に入ってきても、冷静に買いチャンスを見極められます。

また、その会社の業績や株価が不調に陥った時こそ、その会社の株が自分にとって「傑出した成長株」なのかどうか試される時です。業績不振や株価下落で気持ちや判断が揺らぐようでは、その会社はおそらく自分にとって長期の投資対象としてはふさわしくないのだろうと考えられます。

さらに、その企業自体の不振に加えて、金融危機、テロ、大地震など外的要因で株価が大きく下落した時も、傑出した成長株を買うチャンスであるとともに、自分がその株を本当に理解しているかどうか試される試練の時であるともいえるでしょう。

このような場面で心が動揺してしまうなら、やはり無理してその株を買うことはありません。なぜなら、

・その株は本物の「傑出した成長株」でなく、衰退の道を歩む可能性がある
・もし本物だとしても、株価はその後も一段下落したり不安定な動きを続けてしまう可能性がある

などのことも考えられるからです。

その株が本物の傑出した成長株であり、その株を株価急落場面で買えたとしても、その後株価が一段と下がるなど不安定な動きになれば、動揺して損切りしたりして、持ち続けられない可能性が高いのではないでしょうか。

自信に裏付けられた忍耐力が必要

これまで見てきたように、傑出した成長株を買って成功するには、「自信に裏付けられた忍耐力」が必要です。フィッシャーもグレアムもバフェットも「投資には忍耐力が必要だ」と「忍耐力」の重要性を強調します。

しかし、何の裏付けもなく忍耐力だけ発揮しても、それは悲惨な結果になるだけです。

大半の株は傑出した成長株ではないのですから。
繰り返しになる部分もありますが、大切なのは、

・自分自身の判断で心から確信できるような傑出した成長株を見つけ
・その株が何らかの要因で大きく下落した時に、ガッツリ買って
・その後信念を持って保有し続ける

ということです。

多少の業績悪化や株価の上下動では動揺せず、さまざまな苦難を乗り越えながら保有し続ける。業績や株価が低迷した時には、むしろ絶好の買いチャンスとして買い増しする。そのことは、投資家としてその会社への支持を表明し支援することにもつながります。

長期投資銘柄探しは一生の伴侶探しと同じ

やや大げさですが、フィッシャー流の銘柄選びは生涯の伴侶や仲間を見つけるような行動に近いイメージでしょう。人生の中でも心から信頼できて、苦しい時には支えてあげようと思えるような人はどのくらい見つけられるでしょうか。同様に、心底信頼して長期保有できる株はどのくらい見つけられるでしょうか。

そういう銘柄を見つけるには、相性もあるでしょうし、ひらめきなどもあるでしょう。

「なんかこの銘柄は良さそうだな」という勘からスタートしてもいいと思います。

しかし、その後付き合いを深めていく過程で、その株についてよく調べて考えて熟知していくことが必要です。そして、心から信頼できる株だと確信したら、徹底的に付き合っていくということです。

ただし、真剣に選んでも伴侶選びに失敗して人生で大きなダメージを受けることがあります。幸い、株式投資は伴侶選びと違い、1銘柄に集中する必要はありません。何銘柄にも分散することである程度の失敗は別の銘柄の成功で十分にカバーすることができます。フィッシャーは5銘柄程度に分散投資することをすすめています。

第3章

「割安株投資」と「成長株投資」の
いいとこ取りをした最強投資法

ウォーレン・バフェットに学ぶ

「質の高い成長株」を見極めて買う方法

Warren Buffett

写真：Getty Images Entertainment/Getty Images

■ウォーレン・バフェット　*Warren Buffett*

「特権的強み」で超優良企業を見極め超割安な株価になるのを待って買う

ウォーレン・バフェット　1930年生まれ。アルバイトで作った資金からスタートして一代で5兆円もの個人資産を築いた史上最強といわれる投資家。筆頭株主でありCEOも務めるバークシャー・ハサウェイ社を通じてさまざまな投資や買収を行っている。84歳になった今（2014年現在）も第一線で活躍する投資家で、その一挙手一投足に世界の金融関係者が注目している。

年平均30%近い成績を長年続けて資産を数千倍に増やしたスーパースター

3人目に紹介するのはウォーレン・バフェットです。彼は、割安株投資のグレアムと成長株投資のフィッシャーという二大巨頭のエッセンスを最大限に吸収し、現代の投資家として最高のパフォーマンスを上げました。

バフェットは1929年の歴史的な株価大暴落の翌年の1930年に生まれ、大恐慌が続く1930年代に子供時代を過ごしました。少年の頃から計算が得意で商売に興味を持ち、アルバイトや簡単な商売をしてお小遣いを稼ぐような行動派の子供でした。

株式投資にも子供時代から興味を持ち、10代の頃には株価チャートを研究したりもして、アルバイトでためたお金で少しずつ投資を始めました。

そして、19歳の時にグレアムの『賢明なる投資家』を読んで割安株投資の考え方を初めて知り、本格的に投資にのめりこんでいきます。

その後グレアムに直接教わるためにコロンビア大学のビジネススクールで学び、卒業後は証券会社の仕事をした後に、グレアムの投資会社に入って彼のそばでみっちりと割安株投資のノウハウを深めていきます。

25歳の時には独立して自分の投資会社を作ってファンドを運用し始めます。そのファンドは運用期間13年で、最初に預けた1万ドルが26万ドルになったそうです。

後で詳しく述べますが、そのファンドを運用している中で、1965年にバークシャー・ハサウェイ社（以下ではバークシャー社ということにします）を買収して、その会社の経営も始めます。そして、1969年にファンドを解散した後は、バークシャー社の経営と、その会社を通じての資金運用に集中していきます。
以下の本書の記述では、バフェットの投資がバークシャー社中心になってからのものについては、バフェットとバークシャー社を一心同体の存在とみなして、実際にはバークシャー社で株を買っていても「バフェットが買った」という表現を使います。

バフェットがバークシャー社の経営権を1965年に握ってから、2014年で約50年目になります。このバークシャー社に1965年に1ドル投資していたら、2014年には約7000ドルになっている計算です。100万円が70億円になったことになります。

あまりにもすごい数字すぎて感覚がついていけなくなりますが、だいたい次のようなペースで資産が増えていきました。
投資資金が数兆円になるまでは年20~50%程度、平均して30%ほどのパフォーマンスを安定して出し続けていました。運用資金がさらに大きくなってからはさすがにパフォーマンスは低下してきましたが、それでも毎年平均10数パーセント程度のパフォーマンスは続いています。

バフェットの運用成績の特徴は、かなり安定しているということです。株式市場がひどい時でもある程度のプラスになることが多く、バークシャー社の50年間で運用成績がマイナスになったのは2回だけだそうです。

また、成績がとても安定している一方で、ＩＴバブルのような狂乱相場になると、市場平均に負けてしまうこともあるようです。そうしたところからも、「市場の派手な動きに惑わされず、翻弄されず、我が道をたんたんと進みながらすごい結果を残す」というバフェットの姿が浮かび上がってきます。

ちなみに、平均約30％程度のペースで資産が増えると、10年で14倍、20年で約２００倍、30年で約２６００倍、40年で約3万６０００倍になります。

相場状況がいい時なら、経験の浅い投資家でも年間で30～50％のパフォーマンスを上げられるかもしれません。それどころか、運よく資産数倍増というパフォーマンスを得られるケースもあるでしょう。

しかし、バフェットが普通の投資家と違うところは、自分の投資法が終始一貫ぶれずに、相場が良くても悪くても30％前後のパフォーマンスを長年にわたって続けたという点です。「ムラがなくて安定している」というバフェットのパフォーマンスのイメージを頭に入れておきましょう。

割安株投資と成長株投資の融合

では、バフェットはどのような手法でそうした「安定したパフォーマンス」を続けることができたのでしょうか。

バフェットの手法を端的にまとめると、

- **今後何十年も安定成長を続けそうな超優良成長企業を見つけ**
- **適正価格よりも大幅に割安な株価でその株を買う**

ということになります。

バフェットは投資人生の初期においてはグレアム流の割安株投資を中心に行っていたのですが、徐々にフィッシャー流の成長株投資のほうに軸足を移していきました。「適正価格よりも大幅に割安な水準で買う」というグレアム投資のエッセンスについては生涯を通じて踏襲しているのですが、投資活動の拠点を完全にバークシャー社に移した1970年、バフェットが40歳になったころから、企業価値（=適正価格）の大半を成長性が占めるような成長株を対象にするようになりました。「成長性をあてにして投資するのは難しい」として成長株投資を排除していたグレアム流から巣立ったことになります。

バフェットがフィッシャーの手法から学んだ最大のエッセンスは、何十年も成長し続ける実力を持つ「少数の傑出した成長株」だけを対象に長期投資する、という点です。
しかし、フィッシャーの手法とは異なる点もあります。それは、銘柄選択と割安さの考え方の2点においてです。割安さの考え方については、後で投資タイミングの考え方とともに述べていきますので、まずは、バフェットの銘柄選択についてフィッシャーと対比しながら見ていきましょう。

バフェット銘柄の特徴は「わかりやすさ」と「特権的強み」

銘柄選択についてフィッシャーは、ハイテク株や化学株を好んで選びました。

それらは社会と経済の進歩を象徴するような最先端の分野であり、とても興味深く、業界としての成長性にも富んでいます。

しかし、大成功を狙うライバルが多くひしめいていて、技術的な変遷が激しく、常に莫大な研究開発費と、優秀な経営者による適切な舵取りがないと、成功し続けるどころか生き残りも難しくなってしまう世界でもあります。まさに生きるか死ぬかの世界であり、業界内で光り輝く一流企業であったにもかかわらず10年後には没落していってしまった……という企業も少なくありません。

ですから、ハイテク株や化学株に有望な株が多くあるのは事実ですが、長期投資の対象にする株を見つけるのは一般的にはとても難易度が高い作業だといえます。中途半端な知識や判断で下手に手を出すと、10年後には資産が大きく減る結果になりかねません。

それに対してバフェットは、

・事業内容がわかりやすく、
・特権的強みを持つ

という2条件がそろった企業をターゲットにします。

業種としては、食品メーカー、日用品メーカー、飲食店、サービス業など、私たちが利用者としてその強みを判断しやすい株を好みます。代表的な銘柄としては、コカ・コーラ、アメリカン・エキスプレス、ジレット、ウォルト・ディズニーなどです。

もちろん、ハイテク株や化学株はフィッシャーにとってはわかりやすい得意分野であったわけですが、一般の人が理解するには多大な努力が必要な上、技術的な変化も激しく、投資家として変化に対応するのも大変です。

それに対して、バフェット銘柄は多くの人が消費者として理解しやすい銘柄です。この「わかりやすさ」というのがバフェット流投資の最大の特徴ともいえます。

ここで「わかりやい」というのは、事業内容がわかりやすく、「なぜ売上が伸びているのか」がわかりやすいということです。

「特権的強み」を持つ企業の4事例

バフェット銘柄の共通点はわかりやすいだけでなく、今後何十年も成長を続けられそうな特権的ともいえる強みを持つ商品やサービスを持っていて、極めて安定した成長を続けており、今後の業績も見通しやすいという点もあります。

フィッシャーが投資対象にしていたハイテク株や化学株は、

- **今の主力商品の次の世代の主力商品を開発できるか**
- **技術的な変遷や変化についていけるか**
- **ライバルとの競争激化で需給が悪化したり価格が低下したりするリスクはないか**

ということを常に気にしなくてはいけませんが、バフェットの投資対象はそれとは対照的です。

コカ・コーラのコーラ、アメリカン・エキスプレスのクレジットカード、ジレットのカミソリ、ウォルト・ディズニーのキャラクターなどの商品やサービスは、バフェットが株を買った時から何十年たっても衰えないどころか世界中に広がり続けています。

コカ・コーラは独特のさわやかな風味によって世界中に熱狂的な愛飲者を持っており、清涼飲料水としては他に類がないほどの圧倒的な商品です。類似品としてはペプシコーラ以外になく、ほぼ独走状態です。

コカ・コーラは世界経済が成長するのに伴って世界的に売上を伸ばし、その成長トレンドはいまだに続いています。アメリカ発のファーストフードなどが世界中に広がることによっても自動的に販売が拡大するという側面もあります。


アメリカン・エキスプレスはクレジットカードの草分けであり、アメリカをはじめ世界的に、加盟店と利用者との圧倒的なネットワーク、そして圧倒的な信頼性とブランド力を築いています。そして、安定した収益と成長が続いています。

このビジネスは世界的に見ても数社による寡占状態であり、これから新たに加盟店と利用者の莫大なネットワークを作るのはほぼ不可能に近く、数社が世界的な寡占状態を謳歌する状況は今後も続くでしょう。そして、世界経済の拡大とともに広がるクレジットカード需要拡大に追い風を受けながら安定成長が続く可能性が高いのではないでしょうか。

ご承知のように、カードは一度使いだすと他社のカードに乗り換えずに使い続けることが多いのです。公共料金の引き落としなどに使用すると、なおさら一つのカードを使い続けるようになります。カード会社からすると一度獲得した利用者はなかなか離れず、安定した収益を上げることができるストック型ビジネスです。


カミソリは一見大したことのない商品に思えますが、刃物を肌に充てるというかなりデリケートな商品です。カミソリは商品によってそり心地が大きく異なり、朝のヒゲソリが気持ちよくできるか、悪戦苦闘した末に肌を傷つけてしまうかで、その日1日の気分さえ左右されます。そうしたことから、利用者は信頼性が高いものを選び、使い慣れるとその商品を忠実に使い続ける、という特性があります。

そうした点で、品質の高さとブランド力を確立したジレットには絶大な強さがあります。実は私も長年のジレットの愛用者です。旅行に行く時にも必ず忘れずに持っていきます。ホテルにおいてあるカミソリではヒゲをそりたくないからです。

また、カミソリは利用者にとっては景気の良し悪しにあまり関係なく消費し続けなくてはならない消耗品です。「景気が悪いからヒゲをそるのをやめよう」というわけにもいきませんし、一定の期間使用したら刃を変えなければなりません。

さらに、新興国の経済が発達して先進国並みの生活をする人が増えれば品質の高いカミソリへの需要も高まることでしょう。そして、新興国の人たちも、一度品質の良いカミソリに慣れてしまえば、もう元には戻れなくなるはずです。

バフェットはジレットの株主になったあと、「世界中の男性の顎に毎朝ヒゲが生えてくることを考えると、ジレットの株主は毎日安心して眠れる」と言っています。


ウォルト・ディズニーのキャラクターも、それに対する需要が衰えることがなく、世界経済の拡大とともに需要が安定して拡大しています。そして、需要が拡大しているにもかかわらず、ライバルはいません。ディズニーのキャラクターを提供できるのはディズニーだけ。いくらディズニーキャラクターに似た偽キャラクターを作っても、ディズニーファンはなびきません。

もちろん、他のキャラクターとの競合はありますが、ディズニーのキャラクターの競争力が強すぎて、ライバルはせいぜい同じ業界の共存相手くらいの存在にしかならないのです。

「特権的強み」を見極めるポイント

以上、「わかりやすさ」と「特権的強み」を兼ね備えているバフェット銘柄の事例を見ましたが、「特権的強み」があるかどうかは、

- 新規参入が難しいか
- 価格支配力があるか
- その強みに永続性があるか（何十年も続きそうか）
- 需要の拡大余地があるか

というようなポイントで考えることができます。
今どんなに儲かるビジネスをしていても、それが簡単に参入できるようなものであれ

ば、どんどん新規参入が起きて競争が激しくなり、儲からないビジネスになってしまいます。それでは特権的な強みとは言えません。バフェットはコカ・コーラの強さについて「10兆円もらってもコカ・コーラを倒す会社は作れない」と言いましたが、まさにそれが特権的強みです。

特権的な強みを持つ企業は価格競争に巻き込まれないだけでなく、必要があれば値上げできるような価格支配力を持ちます。

厳しい競争の中にある会社の場合、下手に値上げしてしまうと売上をライバルにとられてしまいます。ですから、インフレで人件費が上がったり原材料費が上がったりしても、なかなかそれを価格に転嫁できず利益が減る要因になってしまいます。価格支配力というのは、言い換えれば、インフレ対応力です。

そして、特権的な強みを持つということは、その強みが何十年、あるいはそれ以上続くような強み、つまり永続的な強みを持つということでもあります。そうした意味でバフェットは何十年以上続いている老舗企業を好みました。それは、他が真似できないような商品やサービスを持ち、客に支持され続けているような会社です。

さらに、他に代えがたいような特権的な強みを持つ企業は、それによって世界的な需要拡大を取り込むこともできます。新興国の経済が拡大して、先進国並みの快適さや便利さを求めるようになると、そうした商品やサービスを提供している企業、特に特権的な強みを持つ企業が新興国でも受け入れられるでしょう。このような拡大余地の大きさについても考えてみたいところです。

「特権的な強み」の財務的な特徴

特権的な強みがあるかどうかは基本的に定性的に（質的な面から）判断しますが、財務的な数字で判断することも大切です。

バフェットが選んだ特権的な強みを持つ企業を見分ける際の財務的な特徴は、

- 過去10年安定した成長を見せ、その間利益は2倍増程度になっている
- ROEは15％以上
- 売上高営業利益率は10％以上
- 有利子負債は5年分の純利益で返済できる

という点が挙げられます。

10年で営業利益2倍というのは**年率7％くらい**の成長率です。バフェットが投資した時点での会社の状態を見ると、多くの場合でそのくらいの成長軌道を描いています。

ただし、10年で1・5倍や1・3倍でも、安定して伸びているのなら、それは長期投資の対象としては良い銘柄である可能性は高いといえます。要は、長期的な安定成長性があるかどうかです。


ROEは「純利益÷自己資本」で計算されるもので、自己資本から純利益がどのくらい生み出されているかという資本効率を見るものです。これが高ければ、投資家に配当されずに会社内に内部留保された資金が有効に活用されていて、企業価値がより高まりやすいといえます。長期投資の際には重要な指標です。このROEについて、バフェットの投資した企業はほとんど15％以上のものばかりであり、この水準が一つのメドになると思います。

売上高営業利益率は「営業利益÷売上高」で計算するもので、売上高のうちどのくらいが営業利益として残るのかを見る指標です。高ければ高いほどそのビジネスは儲けやすいビジネスだといえます。

売上高営業利益率は、通常は10％程度ならまずまず優秀といえますが、バフェットの選ぶ企業もほとんどその水準はクリアしています。ただし、スーパーマーケットやディスカウントストアなど薄利多売のビジネスモデルの会社の場合には、5％もあればなかなか優秀だといえるでしょう。


また、バフェットは借金や社債などの有利子負債が多すぎる会社を嫌います。あまり借金が多いと、景気が悪化した時に資金繰りが悪化して一気に経営状態が危機的になってしまう可能性があるからです。

借金をするということは、自己資金以上の資金を使って事業を拡張するということなので、これは自動車の運転でいうとかなりスピードを出した運転といえます。あまりにもスピードを出しすぎると、状況が変化した時にコントロールが効きづらくなるというわけです。

具体的には、バフェットは有利子負債が5年分の純利益で返せる範囲かどうかを判断のメドにしているようです。

経営者がダメでも大丈夫な企業

バフェットは究極的には、
・研究開発費や設備投資があまり必要でなく
・経営者がダメでもそれなりに高い収益水準がキープできる会社
を好みます。

「優秀な経営者」と「研究開発」はフィッシャー流の銘柄選びでは必須項目でした。もちろん、経営者が優秀で、研究開発など強さを磨く努力も怠らない会社が望ましいことは言うまでもありません。実際にバフェットが投資している会社もそのような会社が多数です。先ほど挙げた会社についても、いずれも優秀な経営者に恵まれていることが多く、研究開発に熱心で品質改善や新商品開発の努力も怠らない企業ばかりです。

しかし、それと同時に、かりに経営者が多少ヘマをしたり、研究開発の成果が思うように出なくても、現在の主力商品が安定した収益、安定した成長を生み出し続けてくれる可能性が高い会社ばかりでもあります。そして、研究開発がうまくいけば、ボーナス的にパフォーマンスが上乗せされる、というように考えるのです。

会社の価値＝経営資源×経営者

会社の価値は、経営資源と経営者の掛け合わせで決まります。

経営資源というのは、資産、技術、ノウハウ、ブランド力、人材など、その会社が持っている有形無形の資産であり、経営上の戦力になる資源です。

そして、それをどのように運用していくのか、方針を決めて舵取りをするのが経営者です。経営者がその資産をうまく生かせれば、たくさんの利益が生み出されるようになりますし、経営資源そのものも一段と充実していきます。人材という点でも優秀な人が集まり、育成され、充実していくでしょう。

ですから、「優れた経営資源」と「優れた経営者」が組み合わさった時に、その企業の価値は最大化していくのです。バフェットが狙う会社もそのような会社です。

その中でもバフェットは経営資源をより重視します。圧倒的に優れた経営資源を持っている会社こそ、バフェットが喜んで投資する対象であり、その典型例が先ほど挙げた事例です。

バフェットは「究極的にはバカが経営してもうまくいく会社がいい」と言う一方で、「どんなに優秀な経営者が経営しても、経営資源がダメだとどうすることもできない」とも言っています。

ここでバフェットがいうダメな経営資源というのは、財務内容というよりも、ビジネスそのもののことです。ビジネスそのものが衰退トレンドに入ってしまい、その会社のビジネス上の強みというものがなくなってしまっている会社は、どんなに財産を持っていても、どんなに優秀な経営者が経営しても、立て直せる見込みはほとんどない、とバフェットはいいます。

ビジネスが立ち直ることができないのであれば、赤字を垂れ流すようになるでしょう。ビジネスを廃業するにしても設備や人員の整理で莫大なお金がかかってしまいます。

どんなに安くても、将来性が見通せない会社は買うな

実際にバフェット自身が、この点では大きな失敗をしています。

それは、1965年に繊維メーカー「バークシャー・ハサウェイ社」の株を、経営権を取得するところまで大量買いしたことです。その頃アメリカの繊維業界は、すでに当時の新興国の企業による安値攻勢によって斜陽化してきており、バフェット自身も「このビジネスが有望でないことはわかっていた」と言っています。

しかし、将来の展望が持てなくても、ある程度の利益を出していけるだろうし、何より資産などに比べて株価が極端に安い水準になっていたために買ってしまったといいます。そして、非常に優秀な経営スタッフを揃え、自らも経営者としてバークシャー社をうまく運営しようと努力しました。

しかし、最高の頭脳が最大の努力をしても、結局、繊維業界の斜陽化には勝てず赤字を垂れ流し続けた末、1985年にバフェットは繊維ビジネスから一切手を引きました。

その後、バークシャー社は、繊維会社としてではなく、バフェットの投資活動の拠点と

して、世界中にその名をとどろかせることになったわけですが、繊維メーカーとしてのバークシャー社への投資では、バフェットは大いに苦い思いをしたのです。

バフェットは、他にも「株価があまりに安いのでつい衝動的に買って失敗した」という経験をしており、自ら「バーゲン買いの愚行」と自嘲しています。

具体的には、

- **技術力が低く激しい価格競争で苦しんでいる農機具メーカー**
- **立地が悪く何の特徴もない二流の百貨店**

などへの投資で失敗したそうです。

どんなに安くても、経営資源がダメな会社、特にビジネス面で強みをなくして魅力のなくなった会社は買うべきでない。そういう会社はどんなに優秀な経営者が再生を試みても復活できる可能性は低いので再生にも期待すべきでない。このような教訓をバフェットは「非常に苦労して、ようやく学んだ」と告白しています。

優れた経営資源の会社が一時的にコケた時は絶好の投資チャンス

逆に、優れた経営資源があるのに、経営者がダメな場合はどうでしょう。
この場合には、やはり、一時的に業績が停滞する可能性があるでしょう。しかし、「バカが経営しても大丈夫」なほど優れた経営資源（ビジネスの基盤）がある会社なら、それなりの利益を上げ続けることはできるでしょうし、優秀な経営者に交代すれば復活することができるはずです。

たとえば、コカ・コーラ社は、1970年代に業績が停滞した時期がありました。当時コカ・コーラ社は、ボトラー会社（コカ・コーラ社から原液を買い、それから清涼飲料水を作ってボトル詰めして売る会社）ともめたり、ミニッツメイド（果物の果汁のジュースのブランド）の果樹園での移民労働者の不当な扱いに関して訴訟を起こされたり、使い捨て容器で環境を汚染しているという環境保護団体からの抗議を受けたり、排他的なフランチャイズシステムが独占禁止法に違反していると連邦取引委員会から告発されたり、海外事業が混乱したり……とさまざまなトラブルに襲われました。

そんな行き詰まった状況を打開しようと、当時会長で最高経営責任者だったポール・オースティンは、同社の豊富な資金を利用して、浄水事業、エビの養殖、ワイナリー買収など経営の多角化に熱心に取り組み始めました。

しかし、いずれも本業とはあまり関係がない上に、収益性も本業よりも大きく劣るものばかりで、それらは「脈略のない多角化」といえました。この「脈略のない多角化」は失敗に終わり、コカ・コーラ社の経営は混迷を深めました。

ところが、1980年に最高経営責任者がロベルト・ゴイズエタに代わってから流れが変わったのです。

ゴイズエタは就任後ただちに50人の上級管理職を集めて会議を開き、「今のわが社のどこがまずいのかすべて話してほしい」と訴えました。

現場の責任者たちの声に率直に耳を傾けたゴイズエタは、「1980年の戦略」という経営戦略をまとめました。

十分な収益を上げられない事業からは撤退し、収益性の高い本業に回帰する方針を明確に打ち出し、株主に対しても「これからの10年間、私たちは株主のために働き、会社を成長させ、株主が十分な投資リターンを得られるようにします」と宣言します。

その成果は1983年頃から現れ始め、業績は高い成長率を示し始めました。1987年までで株価は約3倍に上昇しました。

バフェットが同社の株を大量に買ったのはそのあとです。1987年10月にブラックマンデーといわれる株価大暴落が起き、まだ株価が低迷から抜けきれない1988年になってからバフェットは同社の株を猛然と買い始めました。この時同社のPERは15倍程で、当時の市場平均12倍よりはやや高い状況でした。しかし、その後10年で配当込みで10倍以上と高いパフォーマンスを示し、その後も高いパフォーマンスを株主にもたらし続けています。


コカ・コーラは、不運が続いたり経営者のかじ取りが間違ったりして不振が続いた時でもコカ・コーラという商品の強さそのものは変わらず、平均以上の収益力は発揮していました。そして、その後優秀な経営者によって大復活を遂げたのです。そこに大きな投資チャンスがありました。

このように、「特権的な強み」という重要な経営資源を持っている会社は、経営のかじとりのミスで一時的に停滞することはありますが、優秀な経営者が経営につけば本来の強みを発揮して大復活することが可能です。

ですから、「特権的な強み」を持っているのに停滞している企業に経営者交代が起きた時は大きな投資チャンスになる可能性があります。また、新しい経営者による改革が軌道に乗り始めたことを確認してから買っても、大きな成果を得られるケースが多いのです。

優秀な経営者を見極めるポイント

このようにバフェットは、企業に「優れた経営資源」があることを前提としつつ、「優秀な経営者」という条件が加わった時に投資をしています。

では、「優秀な経営者」の条件とは何でしょうか。バフェットの考える優秀な経営者もフィッシャーの考える優秀な経営者とほぼ同じで合理的な経営判断と投資家に対する誠実な態度を兼ね備えていることです。

より具体的には、会社の経営資源、特にその会社の強みを見極めて、それを有効に生かすような経営をし、その結果、収益を拡大してＲＯＥや売上高営業利益率などを高める経営者です。

また、有効に資本を使うあてがないならば、自社株買いや配当などで株主に資金を還元し、ストックオプションの乱発などをしない経営者です。

さらに、あまりよくないことがあった場合に、それを正直に株主や関係者に説明して、その問題点に正面から向き合って解決するような経営者です。

一方、ダメな経営者というのは、その会社の強みとは関係がない無節操な多角化をしたり、資金や人材など大事な経営資源を有効に使わず、資本効率や売上高営業利益率を下げてしまうような経営者です。

そして、ストックオプションを乱発して株主価値を平気で毀損したり、何か問題があってもそれをごまかして問題を悪化させてしまうような経営者です。

バフェットの買いと売りのタイミング

次に、バフェットの投資の期間やタイミングについて見ていきましょう。

バフェットの投資の半分程度は永久保有、半分程度は数年程度の保有、という感じです。

永久保有というのは、文字通り「一度買ったら売るつもりはない」という投資の仕方です。本当に気に入った会社で、収益力の強さが半永久的に続くと考えられるような会社は永久保有という形にしています。

一方、かなり良い会社だが永久保有するまでの自信がないという場合は、相当に割安ならば買って数年程度保有して売却しています。早くて2年、長くて10年、だいたい5年程度という保有期間です。

永久保有銘柄はPER15~20倍、数年保有銘柄は10倍前後かそれ以下で買っていることが多いようです。いずれにしても、PER20倍超で買うケースは稀です。

売りのタイミングについては、永久保有銘柄はもちろんありません。

数年保有銘柄については、

- **PERで割安感がなくなる**
- **成長性に影が出てくる**

などの時に売却することが多いようです。

パフォーマンスは1・5倍から数倍程度になることが多いようですが、時折ながら、2〜3年保有してトントンか少し損失になって売却するケースもあるようです。

また、資金全体の管理としては、常にある程度の現金は所有していて、相場や景気の状況によってその比率を高めることもあります。現金比率を高めるかどうかは、基本的には魅力的な株がどれだけあるかどうかによって決まります。優良企業の株が軒並みPER30倍前後かそれ以上と高くなってしまい、魅力的な投資対象がなくなってしまうような局面では現金比率を上げるようです。

それに加えて、
- **市場平均PERが20倍程度になる**
- **株式市場の時価総額がGDPを超える**
- **中央銀行が利上げをし始める**

などの時には現金比率をかなり上げています。

株式市場の時価総額がGDPの何倍かという倍率は「バフェット指標」と呼ばれていて、1倍を超えると相場が天井に近づいている一つのサインと考えられます。

また、アメリカのFRB、日本なら日本銀行が政策金利を上げることを利上げといいますが、利上げが開始されると全体相場が大きく調整することが多いということで、バフェットは警戒して現金比率を上げるようです。

バフェットの「生涯で最も長かった3年間」

実際に、過去のバフェットの動向を振り返ると、株式市場が暴落する1～2年前には現金比率をかなり高めて、実際に株価暴落が起きると大量に株を買うということを繰り返しています。

たとえば、バフェットは1969年に13年間運用したファンドを解散しました。この時は、特権的な強みを持つような優良企業の株価が軒並みPER30倍以上に上昇してしまい、魅力的な投資対象がなくなったとバフェットはいっています。

バフェットはそこで資産をかなり現金化して、なんと3年間もチャンスをじっと待ち続けたそうです。その間に株式市場が上がることもあり、その時には「他の投資家たちが儲けている間手をこまねいていた」といい、この3年間は「生涯でもっとも長い3年間」だったと振り返っています。

1973年初めに狂乱相場はピークに達して、石油価格が急騰し、金利が5%→10%に跳ね上がり、そして、そのあと株価の急落が始まり、ダウ平均株価はそこから1年半で45%も急落しました。その時にバフェットは特権的な強みを持つ超優良企業の株を買いまくり、今のバークシャーの基礎を作ったのです。

２００7年にもバークシャーは現金残高を３７０億ドルと当時としては過去最高に高めました。やはり、魅力的な投資対象がなくなってきたというのが大きな理由ですが、バフェット指標が1倍を超え、利上げが開始された、ということもその背景として考えられます。

その後株価は急落し始め、２００8年の秋にはリーマンショックが起きます。この時にもバフェットはゼネラル・エレクトリックやゴールドマン・サックスなどアメリカを代表するような優良企業の株を買いまくりました。

相場動向の判断はなかなか難しく、バフェットも景気や株式市場の動向の予測はできないといっています。しかし、魅力的な銘柄が減れば現金比率を高めて、絶好のチャンスが来るまで徹底して待つという姿勢が、結局のところは相場の大きな流れも的確に捉えることにつながっているようです。

バフェット流・業種別攻略法

バフェットが実際に好んで買っている業種について説明していきます。ここまで述べてきた特徴を備えた会社が多いのですが、全体的にストック型ビジネスといえる業種が多いようです。

ストック型ビジネスというのは、いったん顧客になるとその顧客から定期的に収益がもたらされ、顧客の増加とともに安定して収益が拡大していくようなビジネスです。経済の変動にあまり左右されず、安定した利益成長となりやすい特徴があります。そうした点も頭に入れながら読んでください。

保険業

バフェットが最も好み、もっとも多く投資してきた業種です。

保険業の良い点は、それが典型的なストック型ビジネスだということです。一度顧客を獲得すると、その顧客から定期的かつ自動的に保険料が支払われます。大きな資本が必要であり、許認可を受けるのも大変ですから、そう簡単に参入できるビジネスではありません。その分一度仕組みや業界内でのポジションを築いてしまうと、持続性の高いビジネスとなります。

保険業は一般の投資家にはわかりにくい部分もありますが、一般の保険利用者の目線から見てユニークなビジネスモデルや独自の強みを築いている会社があれば良い投資対象になるかもしれません。

たとえば、バフェットが投資したＧＥＩＣＯという保険会社は、代理店を通さずに郵送などで直接保険契約を行うという既存企業にとってかなり脅威となるビジネスモデルを打ち立てて、低価格な保険料を実現して成長しました。

日本でも、販売代理店を通さずインターネット完結型の低コスト運営を目指すライフネット生命や、ペット保険のアニコム損害保険などユニークな保険会社がいくつか出ています。それらの新興勢力は成功が約束されているわけではありませんが、一定の仕組みと顧客の囲い込みができれば将来的に安定した収益を得られる優良企業になる可能性があります。そうなれば大きな株価上昇が実現できる可能性もあるわけです。

また、保険の販売代理店にも新しいビジネスモデルによる新興勢力が台頭してきています。それは、インターネットやコールセンターを通した低コスト運営の会社や、ショッピングモールなどに店舗を出してファイナンシャルプランナーがいくつもの保険会社の保険の中から良いものを組み合わせて提案するような、従来に比べてユニークで合理的な経営の会社です。

そうした販売代理店も一般的には、契約を獲得すると一時的な手数料だけでなく契約期間中継続的に手数料が入ってくるビジネスモデルになっており、やはりストック型ビジネスといえます。一定のビジネスモデルを確立して一定数の顧客を囲い込めれば、安定した収益性が実現できる可能性があります。そうした保険業界の新興勢力の動向には注目してみたいところだと個人的には思っています。

銀行

銀行もバフェットが好んで多数投資している業種です。

バフェットによると銀行の良し悪しに規模は関係なく、資産（主に貸出債権）、負債（主に預金）、コストなどをきちんと管理すれば多くの業界の平均よりも儲けやすくROE20％くらいの高い資本効率を実現できるビジネスだといいます。

良好な財務体質を維持して預金者からの信頼と高いブランド力を確立すれば、良質な預金を大量に集めることができます。また、良質な融資先をたくさん開拓できていれば、安定した資金運用ができます。さらに、安定した調達と安定した運用によって安定した利ザヤが取れるというわけです。このように、金融業というのは本来はとてもおいしいビジネスだとバフェットは見ています。

ただし、銀行は一般的に自己資本の10倍くらいの負債を抱える（自己資本比率10％前後）というビジネスなので、金融危機などの際にはきちんと経営がなされないと一気に経営危機に陥るリスクもあり、そうした意味で経営者の力量が大きなカギを握るビジネスでもあります。

日本においても、身の丈にあった健全経営で、資産、負債、コストの管理がしっかりした銀行であれば長期投資の対象になる可能性はありますが、一般の個人投資家にとっては資産、負債、コストの管理や経営の質などの見極めは難しく、難易度の高い業種かもしれません。

バフェットは1990年のアメリカの不動産不況の時に、不動産ローンの焦げ付きをたくさん抱えて経営危機に陥っているウェルズ・ファーゴを買ったり、リーマンショックの時には資金繰りに窮していたゴールドマンサックスに大量投資をしたりと、いずれも経営が危機的な状況に陥って株価が急落している時に大量買いして大成功を収めました。

バフェットのように金融危機の状況に銀行株を買い、その後その銀行が復活すれば大きなパフォーマンスを得られる可能性はありますが、これはかなり難易度が高い投資だといえるでしょう。その銀行が危機を乗り切れると判断することは、銀行経営に相当深い知識がないと難しいと思われます。

鉄道

バフェットは鉄道会社にも投資をしてきましたが、2009年11月には貨物鉄道のバーリントン・ノーザン・サンタフェに260億ドル、日本円で約2・6兆円という莫大な資金で永久保有の方針で投資して、バークシャーの子会社としました。

鉄道会社は地味で成長性から程遠いイメージがありますが、収益性の高い路線を持っていれば経営・業績の安定感は抜群です。鉄道は一度開通してしまうと、同じ区間で新しい鉄道が並行して開通することはまずあり得ないからです。人や物の行き来が盛んな路線を一度保有すれば独占的なビジネスになります。このように、その地域で独占状態になることを地域独占といいます。

日本ではドル箱路線を抱える都市交通鉄道の会社をはじめ数多くの鉄道会社が上場しており、高い収益性と安定性を発揮しています。

代表例は首都圏の大動脈を握るJR東日本（９０２０）ですが、同社は２００４年～２０１４年の10年間で経常利益を1・7倍にしています。安定した鉄道事業に加えて、駅ビルを利用した商業部門や電子マネー「スイカ」などの付随事業が好調に拡大しているからです。

日用品メーカー、食品メーカー、衣料品メーカー、家具メーカー

一般的にこれらは競争が激しい業界なので特権的な強みを築くのは簡単ではありませんが、消費者の目線を生かして注意深く探せば特権的ともいえる強みを持った会社は見つかります。実際、バフェットはこれらの業種から多くの投資対象を見つけています。

代表的な銘柄はすでに紹介したカミソリのジレットです。

ジレットは今はP&Gに買収されて、バークシャー社は引き続きジレット株と交換されて得たP&G株を保有し、現在でも主要な保有株の一つであり続けています。

P&G社はジレットの他、洗剤のアリエール、電気シェーバーや電動ハブラシのブラウン、液状はみがきのオーラルB、柔軟剤のダウニー、紙おむつのパンパースなど有力な消費者向けブランドをたくさん保有しています。

バークシャー社はその他にも、ナイキ（シューズメーカー）、ジョンソン&ジョンソン（バンドエイド、リステリン、解熱鎮痛剤タイレノール）、クラフトフーズ（クラフトチーズ、ナビスコ、クッキーのオレオなどを持つ当時世界2位の食品メーカー）、コカ・コーラ、ペプシコ（ペプシコーラ）、アインハイザー・ブッシュ（ビールのバドワイザー）、ハーシー・フーズ（チョコレート）、など、アメリカ人にとって（その多くは日本人にとっても）なじみのある消費関連株に投資してきました。

日本でもこれに匹敵するような、独自の強みや強いブランド力があり、国内で盤石な営業基盤を築きつつ、世界でも売上を伸ばせそうな会社を考えてみましょう。「バフェットだったら、こんな株なら買うんじゃないか」ということを考えながら探してみるといいと思います。こうした観点で、私としては、ユニ・チャーム、ヤクルト本社、伊藤園、キッコーマンなどが優れた会社なのではないかと思っています。

ユニ・チャームは紙おむつや生理用品など吸水シートを使った製品のメーカーであり、高品質・高機能な製品を送り出し続け、信頼ある高いブランドイメージが消費者の間でも確立しています。アジアでも全体的な所得が上がる中で同社の高品質・高機能な紙おむつと生理用品の売上が拡大しています。

ヤクルト本社の主力商品である飲料のヤクルトは整腸作用に優れ、大腸がんなどの予防に効果があるという機能性で熱烈な愛飲者を世界中に多く抱えています。競合商品や類似商品がほぼ皆無であり、独自の強みという面で魅力的な企業ではないかと思います。

伊藤園は緑茶飲料でナンバーワンのメーカーであり、国内では盤石といえるブランド力やビジネス基盤があります。そして、世界的な日本食ブームや健康志向の拡大を受けて、緑茶飲料の海外売上も伸びつつあります。

キッコーマンは醤油のトップメーカーですが、今ではなんと海外売上が国内をしのいでいます。早いうちから積極的に海外市場を開拓していたことに加え、日本食人気拡大の恩恵も受けています。醤油は、秘伝の製法にのっとり各メーカーごとに独自の風味を持っているものであり、一度定番商品として定着すると、かなり盤石のビジネス基盤となります。

ただし、2014年末の時点ではいずれもかなり高いPERとなり、決して割安とはいえない状態ではありますが……。

飲食店

飲食チェーンも消費者としての判断力が生かせる業種です。その上、一度強力なビジネスモデルを打ち立てれば、それをチェーン展開して全国や海外にまで拡大することが可能です。そうした意味で、比較的成長性が読みやすい業種といえます。

バフェット自身は、ヤム・ブランズやマクドナルドに投資して大きな成果を得ました。ヤム・ブランズというのは、ピザ・ハット、ケンタッキー・フライドチキンなど日本でもおなじみのブランドを保有する会社で、バフェットは2000年に投資しましたが、その株価は2014年には10倍になっています。

なお、飲食店と小売店については、次章で紹介するピーター・リンチが得意とする分野であり、そちらで詳しく紹介します。

小売店

バフェットは小売株への投資は苦手といっています。流行《はや》り廃《すた》りのサイクルが激しく、長期的に特権的な強みを維持できるかの見極めが難しいから、ということのようです。

確かに、小売店は消費者の立場から流行り廃りは判断しやすく、数年程度の投資に限定するのであれば「わかりやすい投資対象」ということになるでしょう。しかし、永久保有を中心戦略にするバフェットからすると、わかりづらい＝長期展望が見通しづらい業種ということになるのです。

それでも、いくつかの小売株に投資して成功しています。それは、圧倒的に効率的な業務のシステム（品ぞろえ、在庫管理、店づくり、物流など）と、圧倒的なブランド力を備えて消費者から圧倒的な支持を得ているような小売企業です。代表例はウォルマートとコストコです。

ウォルマートは圧倒的な効率性と規模の優位性に支えられた低価格、品ぞろえ、ブランド力などによって、世界最大のスーパーマーケットになりました。

コストコは倉庫をそのまま店舗にした効率的で大規模な店舗運営が強みです。高品質のブランド製品、アルコール類、食料品を割引価格で大量に取り扱う点に特徴があります。高級ワイン販売量では世界一だそうです。家電製品、食料雑貨、タイヤ、衣料、化粧品など品ぞろえはかなり幅広く、その点も人気です。

日本でも独自のユニークな小売企業が成長してきています。コンビニ各社、無印良品などが日本発のユニークな業態で、世界的にも順調に拡大している会社といえるでしょう。特にコンビニは効率的な小さい店舗網が大きな可能性を秘めていることは日本で実証済みで、それが世界展開も軌道に乗ってきているので今後がとても楽しみです。

キャラクター・コンテンツビジネス

キャラクターやそれに関連した映画・アニメなどのコンテンツを作成するビジネスも消費者にとってわかりやすいビジネスです。

人気の浮き沈みが激しいので長期的な展望が描きづらい面もありますが、バフェットがかつて投資したウォルト・ディズニー社などは、世界的に永続的ともいえるような人気を誇ります。

ウォルト・ディズニーに肩を並べるような会社はなかなかありません。しかし、日本には、サンリオや任天堂をはじめとしてキャラクター&コンテンツビジネスが得意な会社が比較的多く、ヒットに伴って株価を大きく伸ばすケースもしばしば見られます。

最近では、妖怪ウォッチが子供たちの間で大ブームになり、それに関連した株が大きく買われました。その人気が永続的かどうかについては別途考える必要がありますが、キャラクター関連のビジネスから大きな投資チャンスがしばしば出てくることは確かです。

クレジットカード

クレジットカード会社もバフェットが好んで投資する業種であり、先ほど紹介したアメリカン・エキスプレスはその代表です。今でもバークシャー社のポートフォリオの主要銘柄の一角を占めています。その他、マスターカードにも投資しています。

クレジットカードビジネスの魅力については、115ページで述べましたが、新規参入が極めて難しく、世界的にも数社の寡占状態にあることです。

そして、世界経済の成長とともに、その需要が増え続けていくことが考えられ、寡占状態の数社がその需要を得ていく可能性があるのです。

ITサービス（システムインテグレーター）

ITサービスとは、業務システムの構築・運用・メンテナンスなどのことです。その業者のことをシステムインテグレーターといいます。

システムインテグレーターは企業の業務の内容をよく把握して、それが効率よく正確に遂行できるようなコンピューターシステムにしていきます。一度作り上げたら、今度はそれを運用してメンテナンスしていくわけです。

企業としてもある業者に一度こうした仕事を依頼すると、他の業者に乗り換えることは容易ではありません。業務内容をコンサルティングしてもらいシステムを一から作り直すことは時間もコストもかかるからです。ですから、ITサービスは典型的なストックサービスであり、安定して業績を伸ばしていける性質のものなのです。

IT業界にはハードウェアの会社とソフトウェアの会社があり、どちらにも激しい技術的変化はあります。しかし、システムインテグレーターの仕事は、変化する技術を取り入れてサービスを提供するものです。

バフェットは長年「ハイテク株は苦手だ」と言い、一切投資してきませんでした。ハイテク株は技術的な競争や変化が激しく、数年で業界地図がガラリと変わってしまうリスクがあるからです。マイクロソフト、インテル、アップルのように大成功すれば何十倍、何百倍に成長することもありますが、現在の巨人が数年後には新興勢力からの攻撃ですっかり弱ってしまう、ということも多々あります。明らかに、コカ・コーラやディズニーのような安定した見通しは期待できません。バフェットはハデな成長よりも、安定して着実な成長を好むのです。

ですから、2011年にバフェットがIBM株を大量買いした時には、株式市場関係者は皆驚きました。しかし、この時にはIBMは、かつての主力事業であった大型コンピューターやパソコンなどのハードウェアの事業は売却してしまい、ITサービスの会社に変わっていたのです。

しかも、この業界でIBMは圧倒的な技術力と規模を誇る世界的なトップ企業であり、世界経済の成長を着実に取り込めるポジションにあります。まさに、典型的なバフェット銘柄に変わっていました。

日本国内では、日立製作所、富士通、NECなどがシステムインテグレーターとしては強みを発揮しています。これらの企業はコンピューターや電気機器などのハードウェアの事業では長年苦戦を強いられてきましたが、ＩＴサービス部門はドル箱であり続けています。

また、専業のシステムインテグレーターとしては、ＮＴＴデータ、野村総研などが代表的な企業です。

業務をＩＴ化してシステム化していくことは、その業務を大いに効率化することにつながります。行政サービスや医療分野などは業務を大いに効率化してコストを低減することが社会的に求められています。たとえば、電子カルテなど病院のＩＴ化は今後かなり進んでいくでしょう。そうしたなかで大きく成長する会社も出てくると思います。

その他にもさまざまな分野でシステムインテグレーターやソフトウェアの会社のビジネスチャンスが広がっているように思います。

ただし、システムインテグレーターの業界には、システム構築の全体を仕切る元請け企業と、その仕事の一部をもらう下請け企業があります。そうした中で強さを発揮できるのは元請け企業と独自の技術・ノウハウがある下請けであり、特色のない下請け企業は一般的には投資の魅力が劣ります。

マスコミ(放送・出版・広告代理店)

バフェットはマスコミ株にも多数投資してきました。

マスコミはたくさんの情報やコンテンツを集め、それを多くの人たちに届けるという仕組みを持ち、情報やコンテンツが多くの人たちの間を流通する際の媒介になる会社です。いったん、たくさんの情報とコンテンツを集めて、たくさんの視聴者・読者に届ける媒体の仕組みを作ってしまえば、それ自体が大きな価値を持って強みを持つことになります。

バフェットは放送関係では三大ネットワークの一つであるＡＢＣテレビの株価が急落した時に買って、2倍程度になった時に売ったことがあります。

全国ネットのテレビ放送局は国からの電波の割り当てによって特権的なビジネスをしてきました。最近では、インターネット経由のコンテンツ配信やケーブルテレビなども出てきており、特権的な強みはやや薄れつつあります。

しかし、それでも全国ネットで情報を集めて視聴者に届ける媒体の重要性はまだ衰えてはいません。特に、ＣＭを流す媒体としては依然として圧倒的な価値を持っています。

日本でも、日本テレビ、TBS、フジテレビ、テレビ朝日、テレビ東京などの全国ネットのテレビ局が上場しています。また、地方放送局の株も上場されています。地方局もその地域で欠かせない媒体になっているのであれば、一定の価値があると考えられます。

バフェットはケーブルテレビや衛星放送の株も買ってきました。全国ネットの放送局ほどの特権的な強みはありませんが、それでも一定の地域や、スポーツ・映画・ニュースなど、ある特定分野を好む視聴者を囲い込んでいるケースが多く、狭い範囲ではありますがそこで特権的な強みを築いているケースが多いのです。

また、ケーブルテレビや衛星放送は有料サービスで、契約者から毎月一定の金額が支払われ続けるというビジネスモデルです。顧客が増えれば増えるほど安定収入が増えるというストック型のビジネスでもあります。日本では、WOWOWやスカパーなどがそうしたビジネスモデルです。

バフェットは、これまで地方紙（地方新聞）の株も数多く買いました。地方紙はかなり地味な印象ですし、実際に地味で地道なビジネスなのですが、各地方で独占的な性格があります。その地方限定の広告を出す時などは、地方紙に出すことになるからです。

バフェットは広告やＣＭそのものに大いに興味を持っていたようです。企業活動にとって広告・宣伝活動は欠かせないため、全国や地域で広告媒体として重要な役割をはたしている企業には特権的な強みを感じていたようです。

そうした意味で、企業とさまざまな広告媒体の仲介役となる広告代理店の中でも、特権的な強みを持つ大手広告代理店には興味を持っていたようで、１９７３年には当時世界一位の広告代理店であるインターパブリック・グループを買ったこともあります。


以上のように、情報の媒介としての仕組みを一度築くと、特権的な強みを持つことになり、バフェット銘柄になる可能性を持ってきます。テレビ局や新聞などの他に、最近ではインターネットのポータルサイトや専門サイトがそうした役割を担いつつあります。日本ではヤフーのようなポータルサイトは万人が集まる場として機能しています。

また、特定の分野に興味がある人たちの専門サイトなども、その分野では特権的な強みを持つといえるでしょう。その分野の商品の広告や、求人広告などの分野も有望かもしれません。

医療サービス・医薬品

バフェットは、過去に世界的な大手医薬品メーカーにもたびたび投資してきました。
世界的大手医薬品メーカーは、

- いくつかの画期的な新薬を抱えている
- いくつかの画期的な新薬候補を抱えている
- 新薬開発の技術力とノウハウと優秀な人材を抱えている
- 巨額の研究開発費を費やせる財務力を持っている
- 世界中の病院への販売網と強いブランド力を持っている

などの強みがあるケースが多く、世界的にも限られた大手メーカー数社が業界を牛耳っている面があります。

ベンチャー企業などが画期的な新薬開発にメドをつけても、それを実際に製品化して販売するには資金力や販売網などが足りないケースが多く、多くの場合には大手医薬品メーカーと提携する形になります。そして、大手医薬品メーカーもその新薬から大きな収益的メリットを受けることになるのです。

また、新興国が豊かになって生活レベルが上がるにつれ、医薬品への需要は高まることが考えられます。そうした意味でも将来的に明るい展望が描きやすいといえます。

バフェットは1993年にアメリカが薬価引き下げの方針を打ち出したショックで医薬品メーカー株が大きく売られた時に、大手医薬品メーカー株を買いました。世界的に見て医薬品そのものの重要性が変わるわけではなく、大手医薬品メーカーの経営は長期的に見れば安泰だろうという考えからでした。

2008年のリーマンショック時にも、大手医薬品メーカーの株を購入しています。

このようにバフェットは、何等かのショックで医薬品メーカー株全体が売られた時に、大手の優良な医薬品メーカー株を買うことがあるようです。

私たち一般の投資家にとっては、医薬品そのものの良し悪しや、医薬品メーカーの開発力などの評価は難しい面があることは確かです。しかし、この分野について知識や興味のある人は、投資対象として研究する価値はありそうです。

また、医療機器メーカー、医療器具メーカーについても、医薬品メーカーとほぼ同じように考えることができるのではないでしょうか。業界全体としての成長性も感じられ、その中でも、技術力、資金力、販売網などで業界を牛耳っているような大手は、大いなる強みを持っています。

医療機器メーカーはアメリカのゼネラル・エレクトリックが世界的な最大手ですが、日本でも、東芝や日立製作所などはそれなりに存在感を持ちます。また、特定の分野では、内視鏡で世界シェア6割を握るオリンパス、カテーテル分野の機器で世界的に高シェアを握るテルモなどは注目されると思います。

エネルギー・資源株

原油メジャーといわれる油田の採掘権を多く所有する会社や、鉄鉱石の鉱山を所有する会社など、エネルギー・資源株をバフェットは時折買います。

このような資源株の価値は、保有している油田や鉱山からどのくらい安定して採掘できるか、今後どのくらい採掘できるか、それらの価格の見通しはどうかなどによって決まります。豊富な埋蔵量で、安定して採掘できて、それらに対する需要見通しと価格見通しが良好であれば、その会社の収益見通しも良好だといえます。

ただ、こうした判断は私たち一般の投資家にはなかなか難しい面もあります。

バフェットは、1980年代初めにアメリカの中央銀行にあたるFRBがインフレ対策で金利を大幅に引き上げて景気と株価が落ち込んだ時に、「景気がどうなろうと企業や個人は石油を使い続ける」と判断して、世界的な石油メジャーのエクソン（現エクソンモービル）株をPER7倍という安さで購入しました。

06～07年には、石油・天然ガスの確認埋蔵量および生産量ではアメリカ3位のコノコフィリップスをPER7倍ほどで購入しています。

2003年4月には、中国の株式市場が低迷する中で中国石油（ペトロチャイナ）の株を購入し、2007年7月ごろから順次これを売却し、約8倍の値上がりで日本円にして4000億円程度の利益を上げました。

バフェットが中国石油の株を売却した時にはまだ原油市況も中国株も強い上昇トレンドの中にあり、ジム・ロジャーズ（第6章で登場）からは「バフェットは今回重大なミスをした」とまで言われました。実際にその後も中国石油の株価は上昇を続けたのですが、その後リーマンショックなどの影響もありバフェットが売却した値段の5分の1程度まで下がってしまいました。3年程度の期間の投資例ですが、買いタイミングから売りタイミングまで見事な成功事例となりました。

2014年後半には原油価格が1バレル=100ドル前後から50ドル台にまで急落して石油関連企業の株価も急落しましたが、バフェットは同関連株を買っているようです。

第4章

小売株や外食株は大化け株の宝庫！

ピーター・リンチに学ぶ
「身近にある10倍株」の探し方

Peter Lynch

写真：The LIFE Images Collection/Getty Images

■ピーター・リンチ　*Peter Lynch*

日常生活の変化を大化け株探しに結び付ける

ピーター・リンチ　1944年生まれ。80年代に活躍した伝説的なファンドマネージャー。大手投資信託会社フィデリティ社に入社し、その後同社で規模の小さかった「マゼランファンド」の運用を担当し、それを世界最大のファンドに育てたことで有名。著書『ピーター・リンチの株で勝つ』は個人投資家のバイブルとして読み継がれている。

年平均30%をコンスタントに続け、世界最大のファンドに育てる

ピーター・リンチは1980年代に最も活躍したといわれるファンドマネージャーです。1977年から1990年まで13年間運用した「マゼランファンド」は、当初に100万円投資すればそれが2500万円になるという成果をもたらしました。その間、マゼランファンドの評判を聞いた人たちから大量に資金が流入したこともあり、ファン

ドの時価総額は業界最小規模の0・2億ドル程度から世界最大規模の約100億ドルへと爆発的に成長したのです。

リンチの運用成績は毎年安定した高い利回りを続けました。1年ごとの成績を見ると「圧倒的な成績」を収めた年はありませんでしたが、大きく落ち込む年もありませんでした。そして、平均すると年率30％程度を13年間続け、ファンドマネージャーとしては1980年代ナンバーワンの成績となりました。


リンチは10歳の時に父親をガンで亡くし、苦しい経済環境の中で育ちました。バイトをしてお金を稼ぎながら大学、ビジネススクールに通い、卒業後には投資信託会社のフィデリティに入りました。そこで数年アナリストの仕事をした後、33歳の時にファンドマネージャーとなって「マゼランファンド」を運用し始めました。

そして、マゼランファンドが世界最大規模となり、ファンドマネージャーとして絶頂期だった1990年、リンチは46歳の若さであっさりと引退します。その時のリンチは運用資産が大きくなるとともに仕事量が増えて、ほとんど休みなく働き続ける状態になっていました。それは、家族と過ごす時間を何よりも大事にしていた彼にとってはつらいことでした。悩んだ彼は後悔のない人生を過ごすために引退を決意したのです。

もちろん、経済的に大きな成功を収めたからこそ若くして引退することが可能であったわけであり、それはうらやましい限りなのですが、何よりも若い時から株式投資の仕事が好きでそれに自らのめり込んでいったリンチからすれば、引退はかなりの覚悟を持った決意だったはずです。しかし、リンチにとっては大好きな株式投資の仕事よりも家族との生活のほうがさらに大事だったということです。

実は、この「家族との生活を大事にする姿勢」にこそ、株式投資で成功する大きな秘訣も隠されていたのですが……。

日常生活の中から10倍株を探す

リンチの最も得意な投資戦略は、「日常生活の中から10倍株を探す」というものです。「10倍株」というのはリンチが大化け株のことを象徴的に表現するために使っている言葉で、実際には5倍でも50倍でもいいのですが、そういう「大化け株」のことを指します。実際にリンチは日常生活の中から5倍、10倍、またそれ以上になる株をたくさん発掘しました。

リンチは著書の中で、日常生活の中から生まれた大化け株の事例をたくさん紹介しています。たとえば、

ダンキン・ドーナツ　25倍
ウォルマート（スーパーマーケット）　1000倍
マクドナルド　400倍
ホームデポ（ホームセンター）　260倍
ボディショップ（アロマオイル専門店）　70倍
サービス・コーポレーション（葬儀店）　40倍
GAP（カジュアルウェア店）　25倍

などです。

その他にも、おもちゃ屋さん、理容室、ホテルチェーンなど、さまざまな10倍株の事例を挙げています。

リンチはこうした日常生活に関連した銘柄を、奥さんや3人の娘さんと話をしたり、一緒に過ごす中で見つけていきました。奥さんや娘さんが最近気に入っている洋服や飲み物やお店、さらにはストッキングといったものからも大化け株のヒントを得ています。仕事に忙殺される中でも、できるだけ家族との時間を大切にすることで、そこから有益なヒントを得て、かえって仕事の成果を上げたのです。

特にリンチは家族でショッピング・モールに行くのが大好きで、そこで家族との時間を楽しむとともに、たくさんの投資のヒントを得ました。

「投資戦略を考えるうえでは、ショッピング・モールをうろうろしていたほうが、証券会社のアドバイスに忠実に従ったり、最新の情報をほんの少しばかり得るために金融情報誌を徹底的に調べるより役に立つ」とリンチは言っています。

リンチが考える外食株と小売株の魅力

リンチは特に、外食チェーンと小売業の持つ長期的な成長力に注目していました。

「高い運営能力をもっている外食や小売りのチェーン店は、全国展開により年20％のペースで10～15年成長可能」とリンチは言っています。これは、8年で4倍、15年で15倍程度の成長力ということになります。アメリカと日本では市場規模などの違いはあるにせよ、日本でも外食チェーンや小売業が大きな成長性を秘めていることは確かです（日本における成長余地の考え方は171ページで述べます）。

一般的に成長企業というと高い技術を持つハイテク株が思い浮かべられることが多く、実際に、しばしばハイテク分野から大化け株が出ることも確かです。しかし、成長性の高い外食・小売株は、「ハイテク株の成長企業と同じくらい速く成長することが可能であり、ハイテク株よりもリスクは少ない」（リンチ）と言います。

ハイテク株は技術の変化が激しく、ライバル企業が新技術や新製品を開発すると、それによってあっという間に売上が奪われてしまうことがあります。それに対して飲食や小売りは強力なライバルが出てきても一夜にしてすべてひっくり返される、ということはありません。時間をかけて徐々に売上を奪われていきます。ですから、かりにその会社の競争力がなくなっても、その状況をゆっくり見極めながら投資判断できるのです。

もちろんハイテク分野に詳しいなら、ハイテク株から多くの投資チャンスを見いだせるでしょう。投資家としてはぜひその強みを生かすべきです。しかし、もしハイテク分野が苦手であれば、無理してその分野に投資することはありません。

実際にリンチ自身もハイテク分野は苦手であまり投資対象にしませんでした。

ビジネスも投資も自分の強みを生かした戦略をとるべきですが、多くの個人投資家にとってそれは日常生活や趣味や仕事に関する知識でしょう。それを生かすべきだ、というわけです。

自分にとってわかりやすい分野であれば、その会社の何が強いのか、その強みは健在なのか衰えつつあるのか、ということのモニタリングがしやすく、投資判断もしやすくなります。

「5項目のチェック」で「2分間の訓練」を行おう

さて、日常生活の中から気に入った小売店や飲食店などを探したら、今度は2段階目のチェックが重要になります。

「日常生活の中から気に入った会社を探し出す」ということ自体、株式投資で成功するための重要なプロセスですが、それはあくまでも「優良な候補株」をピックアップする第1段階目のプロセスであり、そこからさらに本当に良い銘柄を選別する第2段階目のチェックが必要です。

具体的には、次の5つのポイントについてチェックしてみましょう。

❶成長余地はどのくらいあるか
❷ヒット商品が業績にどのくらい貢献するか
❸競争上の強みは何か
❹業績
❺PER

この5つのポイントはリンチの著書の中で挙げられているものの中から特に重要と思われるものを私がまとめたものです。

こうしたポイントをチェックして、その株の成長ストーリーを2分程度しゃべれるかどうかを確認します。これをリンチは「2分間の訓練」と言っています。

株式投資で一番重要なことは、買う理由を明確にすることです。理路整然と2分間成長ストーリーが語れないのであれば、その株を買わないようにするべきだというのです。

そうすることにより、

- **成功する確率が上がる**
- **失敗が認識しやすくなり損切処理がしやすくなる**
- **成功や失敗の原因がつかみやすくなり、経験値が上がりやすい**

というような効果が得られます。私たちもぜひ「2分間の訓練」を取り入れましょう。

成長余地の考え方

では、この5つのポイントについてもう少し詳しく見ていきましょう。

まずは、身近なところでヒット商品や良い店を見つけたとして、それにどのくらいの成長余地があるのかを考えます。

たとえば、小売店や飲食店の場合には出店余地はどのくらいあるでしょうか。すでに全国中に店があるようでは、国内ではこれ以上の出店余地はあまりないかもしれません。

逆に、ごく一部の地域にしか店舗がなく、それが全国展開していける可能性があるのなら、成長余地は莫大だといえます。海外にまで展開できるなら、その成長余地はさらに大きなものとなるでしょう。

日本の場合には、全国規模の小売や飲食のチェーン店の場合、店舗数1000、売上高1000億円、時価総額1000億円というのが一つのメドになると思います。業種にもよりますが、うまく全国展開に成功すれば、このくらいの数字になることが多いのです。もっと成功するケースでは、そこからさらに2～3倍かそれ以上になることもあります。

ですから、全国展開できる可能性のある小売や飲食の会社が、店舗数200、売上高200、さらに株式の時価総額も200億円程度かそれ以下の状態であれば、それが全国展開できた場合の成長余地が大きいということがいえるのではないかと思います。

小型株の優位性

次に、目をつけた店や商品が今後拡大するとして、それがその会社の業績にどのくらいのインパクトをもたらすのか、ということを考える必要があります。

たとえば、ある飲食店チェーンが大ヒットして売上高1000億円程度のビジネスになったとしても、すでに売上高1兆円の会社であれば、それは株価が大化けするほどのインパクトにはなりづらいでしょう。その他、お菓子、飲料、玩具、ゲーム、化粧品などの商品で大ヒットが出ても、もともとの売上高が大きな大企業だと、株価はあまり大きく反応しない可能性があります。

先ほども一つのメドを示しましたが、会社全体の規模として、時価総額200億円、売上200億円くらいまでの会社というのが、大化け株になりやすい条件かと思います。もちろん、時価総額や売上高が500億円でも1000億円でも何倍にも成長していく株はあります。ですから、あまり厳密に考える必要はありませんが、規模が小さければ小さいほど大化けする可能性が高いということはいえます。
さらに、小型株は175ページで述べるように、プロや大口投資家が手を出しづらいため割安に放置されていることが多く、成長株に早く気づいた個人投資家が比較的安く買いやすい、という特長も挙げられます。

競争上の強み、業績、ＰＥＲについて

その会社の「競争上の強みに」についても考えてみる必要があります。

その会社の商品や店舗の人気の秘密は何か、それは持続できるものなのか、そうした点について考えてみましょう。

もし、競争上の強みが持続的なものでなければ、成長は続けられないでしょう。何かヒット商品が出てもすぐに真似されて、客を奪われてしまいかねません。真似されづらいような強みがないと成長は持続できないのです。

この点については、バフェットの章の「特権的な強み」についての説明を読み直してください。他社に真似されづらく、価格支配力があるかどうかという点が特に重要です。


そして、その会社の人気は実際にきちんと業績で確認できるでしょうか。売上高や経常利益などの推移が順調に拡大しているかどうかをチェックしましょう。

最後に、株価がお買い得な水準かどうかＰＥＲで割安さをチェックします。

41ページでも述べましたが、ＰＥＲの標準的な水準は15倍くらいなので、業績見通し

の良い会社がＰＥＲ15倍を下回っているならば、それは割安感があるといえるでしょう。

また、その企業の成長性が高く、数年で利益が2倍になるならば、ＰＥＲは30倍程度まで評価されてもおかしくありません。ですから、成長性が高い会社の場合にはＰＥＲ20倍程度で買えるならば、それはお買い得といっていいのではないでしょうか。

「アマチュアの強み」を生かせ！

リンチは著書の中で「アマチュアの強み」という言葉を盛んに使い、株式投資においてはプロよりもアマチュアのほうが有利だと主張しています。

そして、「私が買おうとする株は、まさに伝統的なファンドマネージャーが避けようとする株なのだ。別の言葉でいうと、私はなるべくアマチュアのように考えようと努力してきた」と言っています。

では、アマチュアの強みとは何でしょうか。リンチによるとそれは、

- **日常生活の情報を生かした素朴な銘柄選択ができる**

・小型株を気兼ねなく買うことができる
・短期的な成果を問われないので、マイペースでできる

などです。

プロの投資家というのは、知識、情報、資金量などの点では個人投資家よりも有利だといえますが、彼らにはいろいろと制約があって柔軟な投資ができません。

たとえば、資金量がかなり大きいために、あまり小型の株は買うことができません。小型株は市場に出回っている株数も少ないですし、売買高も少ないですから、プロの投資家が必要なだけ仕込めないことが多いのです。社内的にも時価総額が小さい株を買うことが禁止されていることも多いようです。

また、かりに小型株を買うことが禁止されていないとしても、他のプロの投資家たちとあまりにも異なる銘柄を買うことを嫌がる人たちが多い、ということもあります。というのも、独自の銘柄を買って失敗した場合には、サラリーマンとしてマイナスポイントとなってしまうからです。逆に皆と同じような株を買って失敗してもあまりマイナスにはならないといいます。

そして、プロは3ヵ月、あるいは1ヵ月ごとに成果が求められますので、「納得した時だけ株を買う」というようなことはできません。納得できる銘柄がなくても株を買って何らかの仕事をしたといえる形にしておく必要があるのです。また、独自の判断で現金を多くして待機した状態にしている時に株価が上昇して自分だけ利益を出せないことになると、それは大きなマイナスポイントになるということもあるようです。

以上のように、プロにはさまざまな制約があって、思い切った投資ができません。「大化けしそうな株を見つけた」といっても、小型株であったり、他のプロたちが買っていないような独自の株には気軽に手が出せません。

それに対してリンチは、そうした慣習や制約に縛られずに自由に銘柄を選んで投資しました。日常生活の中で良い銘柄を見つければ、それが小型株でもためらうことなく買っていったのです。

他の人たちよりも熱心に銘柄探しをしたことに加えて、このように、合理的で自由な発想で投資したリンチは、そうした投資の仕方を表現して「アマチュアのように投資する」と言ったのです。

また、このように考えると、小型株への投資が有利な理由が改めてわかります。

つまり、小型株は多くのプロが手を出せないので、良い株が出てきても、安い株価で放置されているケースが多いのです。

そして、そうした株が順調に成長して、ある程度の規模になってきたところでやっとプロのアナリストが調べてレポートを書き、そうしたレポートを見てプロの投資家たちが買い始めるのです。

それに対して、個人投資家はプロのアナリストがレポートを書くずっと前に目をつけてその会社がかなり小さい段階から株を買うことができます。つまり、個人投資家はプロの投資家より先回りして投資ができ、プロの投資家が高値を買ってきたところで売却するチャンスも得られるのです。

そこで、将来高値でプロが買ってくれそうな株を探して買う、というつもりで臨むことが大切です。そうした個人投資家の強みを捨てて、プロの後追いをするのはもったいないともいえます。

リンチは、「アマチュアが失敗するのは、プロの真似をしようと後追いするときだけ」と言っています。

大化け株狙いの分散投資こそ、確率的にとても有利な戦略

「大化け株を狙う」というと、一見リスクがあるように感じられます。しかし、「大化け株を狙う」こと自体がリスク管理上有効なことだ、というのがリンチの教えです。

リンチは株式投資の特性について、「損失は投資金額に限られる一方で利益には天井がない」といっています。たとえば、株式に100万円投入した場合、最大の損失額は100万円ですが、利益は300万円になることも1000万円になることもあり得ます。

つまり、株式投資そのもののリスクとリターンがそもそもの仕組みとして対称的にはなっていないのです。この株式投資の特徴を最大限に生かすには、10%の利益を狙いに行くのではなくて、1000%の利益を狙いに行くことだ、というのがリンチの考え方です。信用取引でもしていない限り、損失は100%までしかあり得ないわけですから。

リンチは個人投資家に対して、「5銘柄以上の大化けが狙える小型株に分散して投資

する」という戦略をすすめています。

日常生活のなかで気に入った会社で、さらに先ほど見た5つのポイントでチェックした後でさえ、100％うまくいくわけではありません。リンチ自身、4割の銘柄は失敗したと告白しています。しかし、それと同時に「6割の銘柄がうまくいけば、資産はかなり増えるはず」とも言っています。

たとえば、銘柄を5つ選んで20万円ずつ合計100万円投資したとします。そして、2年間保有して、2銘柄は失敗、2銘柄はまあまあ成功、1銘柄は大化け、という結果になったとします。もう少し具体的に、2銘柄は50％下落、2銘柄は50％上昇、1銘柄は5倍増になったとしましょう。この場合、次ページの図のように、100万円の投資資金は180万円になります。

これは、年率30％強の利回りです。まさに、リンチが記録した平均利回りですが、2年に一つ5倍になる銘柄を見つければ、このようなパフォーマンスになります。しかも、ズバリ的中させる必要はなく、大化けしそうな株を5銘柄買って、その中の一つが当たればいいのです。

先ほどもいろいろ事例を見ましたが、私たちの生活の中からさまざまな大化け株が出

リンチの投資戦略

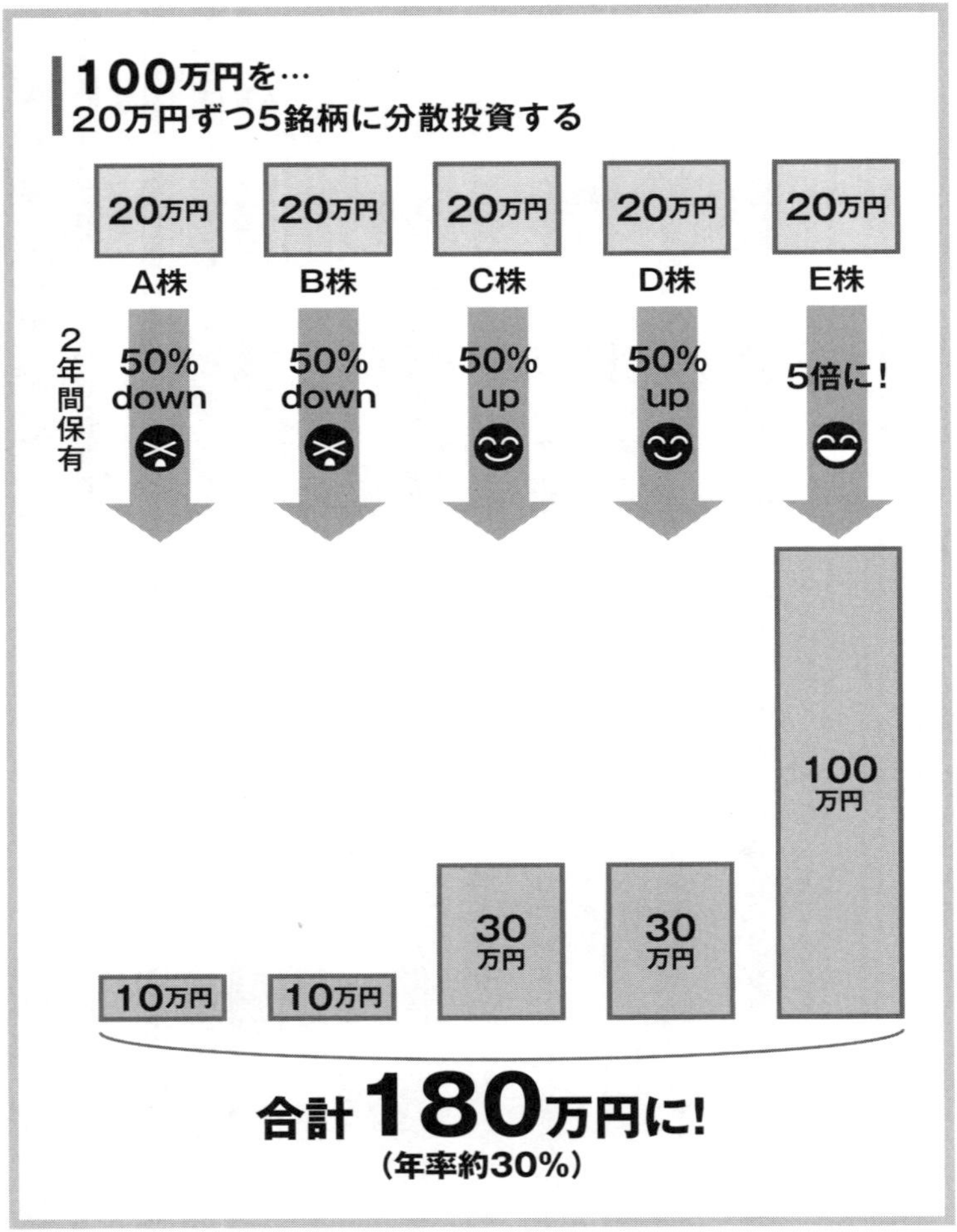
100万円を…
20万円ずつ5銘柄に分散投資する
20万円
20万円
20万円
20万円
20万円
A株
B株
C株
D株
E株
2年間保有
50% down
50% down
50% up
50% up
5倍に!
10万円
10万円
30万円
30万円
100万円
合計180万円に!
(年率約30%)

てきます。それは、いつの時代も変わりませんでしたし、今後も変わらないでしょう。リンチは、私たち一般投資家が大化け株を見つけることについて、「普通、年に二、三回かそれ以上、こうしたチャンスに出くわすものである」と言っています。

私たちの生活には大化け株のヒントがあふれている

ピーター・リンチが著作の中で紹介している事例はアメリカの事例がほとんどですが、日本でも他の国でも、今も昔も日常生活の中からたくさんの大化け株が出ています。日本での大化け株の例としては、たとえば、
セブンイレブン（現セブン＆アイホールディングス）２００倍
ファーストリテイリング（ユニクロ）１７０倍
パーク24（コインパーキング）40倍
ドンキホーテ（ディスカウントストア）30倍
西松屋チェーン（子供服）30倍

ヤマダ電機（電器量販店）50倍
明光ネット（個別指導の明光義塾）30倍
カカクコム（価格比較サイト）15倍
セリア（１００円ショップ）30倍
コシダカ（低価格フィットネス「カーブス」）30倍
アークランドサービス（とんかつや「かつや」）10倍
ジェイアイエヌ（メガネの「ＪＩＮＳ」）１５０倍
ガンホー・オンライン・エンターテイメント（スマホ用ゲーム「パズドラ」）１００倍

……など数え上げればきりがないほどです。

まずは、自分の生活をよく見まわしてみましょう。食べ物、飲み物、服、帽子、靴、メガネ、玩具、ゲーム、スマホのアプリ、さまざまなお店、サービスなど、世の中のあらゆるものが大化け株を探すヒントになります。

また、一人の人間の経験には限界がありますので、さまざまな人の話に耳を傾けてみましょう。家族、親せき、友人、仕事仲間などの話に関心を持って耳を傾けてみることです。場合によっては、趣味に付き合ってみましょう。意外な発見があるかもしれません。投資のヒントはいたるところにあります。

このようにして世の中を見渡すと、俄然、さまざまなことが興味深く思えてくるでしょう。

人気産業の人気株を避けて、不人気産業の不人気株を狙え！

リンチの章の最後として、彼の銘柄選びの独自の観点を紹介しましょう。

リンチは理想的な株として、「人気の無い産業の人気の無い銘柄」を挙げています。一方、避けるべき株として、「人気のある産業の人気のある銘柄」といっています。

人気のある産業というのは、

- 新規参入が増えて競争がかなり激しくなる
- 変化もかなり激しくなる

という面があります。

そうした競争や変化に対応するのは簡単ではなく、ごく一握りの企業を除いて、ほとんどが失敗して衰退してしまうというのが現実です。

たとえば、20世紀の初め、黎明期のアメリカの自動車産業はその将来性に期待が集まり100社以上の企業が参入しましたが、生き残ったのはわずか3社でした。20世紀の終わりのITバブルのころにも多くの企業がインターネットビジネスに参入しましたが、ほとんどの企業が消えてしまいました。


もちろん人気のある産業の中でも成功する企業は業績を大きく伸ばすでしょうし、そうした企業を早い段階で見極めて投資すれば、莫大な利益を得られるでしょう。

リンチもハイテク株やIT関連は苦手だといいながら、日常生活の中で比較的身近なネット書店のアマゾンドットコムについては早くから有望株として見出していたようです。このように消費者として使い勝手や人気の度合いを確認できる「わかりやすい会社」ならば、第2段階のチェックを経た上で投資対象にするのもいいでしょう。それで大きな成果が上げられることもあると思います。

しかし、多くの場合、競争と変化が激しい人気産業の中で勝ち組企業を早い段階で見極めるのはかなりの知識や判断力が必要です。正直、多くの個人投資家にとって相当高いハードルでしょう。

また、すでにその企業が勝ち組であることが誰の眼にも明らかになった時には、その会社の株価はかなり大きく買われてPERも40~50倍、それ以上になっていることも少なくありません。

どんなに良い会社でもあまりにも高い値段で買うとリスクが高くなります。いったん勝ち組になった企業でも、競争の激しい人気の産業では、新興勢力の攻勢によって成長力が衰えてしまうこともあります。PERがすごく高い状態で業績が悪化しはじめたら、株価は何分の一にも下落してしまうリスクが高まります。

もっとも、こうしたリスクは第2段階のチェックである程度排除できると思いますが、いずれにしても人気の産業の人気の銘柄は取り扱いが難しいのです。

一方、人気の無い業種では競争も変化も激しくないので、やる気のある会社が1社出てくると、その会社は着実にシェアを拡大していくことが可能です。そして、人気の無い業種で突出して優秀な企業があれば、それは見極めが比較的簡単です。また、人気の無い業種の地味な銘柄であれば、割安な水準で買える可能性が十分にあります。

「人気の無い産業」というのは、

- 地味で目立たない産業
- ニッチな産業
- 成長性のない産業
- 人が嫌がるビジネス

などのことですが、具体的な事例としてリンチは、

- カーペットメーカー
- 葬儀会社
- 産業廃棄物のビジネス
- 廃油回収ビジネス

・ビンの栓のメーカー
・プラスチックのフォークやストローのメーカー

などの事例を出しています。

とても大化けする成長株が出てくるとは思えない業種ばかりですが、いずれの業種からも大化け株が出ていて、そうした銘柄をリンチは目ざとく見つけています。どんな業種にも突出した企業が出てくる可能性があり、不人気な業界にそうした会社が出てきた場合には、独走状態を築ける可能性があります。特に、ずっと無風状態だった業界に革新的な会社が出てきた場合、その会社は既存の古い体制に安住していた企業を駆逐して急成長する可能性があります。


先ほど挙げた日本の大化け株の事例では、2009年以降の数年でメガネ業界で爆発的な成長を遂げた「JINS」を運営するジェイアイエヌがその代表でしょう。

メガネ業界はジリジリと市場規模の縮小が続く中で、品ぞろえも価格も主要企業もほとんど変化がない無風の業界でした。縮小が続く市場を既存の会社が分け合う形で、激しい競争もなく緩やかに衰退している状態でした。

その状況でジェイアイエヌは、薄型平面レンズのメガネを５０００円前後の低価格で投入するところから始まり、軽量メガネ、ＰＣメガネ、花粉症対策メガネなど機能メガネを立て続けに投入して、業界に旋風を起こしました。それはメガネの概念を変えるほどのインパクトをもたらし、従来はメガネを使用していなかった人をもメガネ使用者にして市場そのものの拡大をもたらすものでした。

こうした高い戦略性でジェイアイエヌの株価は３年で１５０倍と大化けしましたが、こうした変化はメガネ使用者ならば気づけていたはずですし、それを絶好の収益チャンスにすることも可能だったはずです。

無風の業界に成長企業が出てきた場合、投資家にとってそれは大きな収益機会になる可能性があるのです。

第5章

成長株投資の神がたどり着いた
「CAN-SLIM」という方法

ウィリアム・オニールに学ぶ
「急成長大化け株」はチャートと業績で狙え！

William J. O'Neil

イラスト：森宏

■ウィリアム・オニール *William J. O'Neil*

「業績の勢い」が際立ち「高値」に位置する「小型株」を狙う

ウィリアム・オニール　1934年生まれ。証券会社に入社後に独自の投資ノウハウを研究。30歳の時に株式投資で得た利益でニューヨーク証券取引所の会員権を取得し、さらに、機関投資家向けのリサーチ専門の投資情報会社を設立。『ウォール・ストリート・ジャーナル』に対抗し『インベスターズ・ビジネス・デイリー』を創刊。代表的な著書は『オニールの成長株発掘法』。

業績の勢いとチャートを重視して、短期大化け株を狙う

ウィリアム・オニールは、1929年の株価大暴落の後、大恐慌の最中である1934年に生まれたアメリカの代表的な投資家の一人です。

バフェットとほぼ同世代ですが、オニールの投資戦略は「数ヵ月から2年程度で、数倍〜数十倍となる成長株を狙う」というものであり、本書に登場する投資家ではリンチ

に近いといえるでしょう。
オニールがリンチと違う点は、

- 業績など銘柄選別の条件をかなり明確にしている
- 株価チャート分析をかなり重要視する
- 条件が当てはまればハイテク株やバイオ株なども投資対象として狙う

という点です。

そのマニュアル化されたノウハウは「CAN-SLIM」と名づけられています。それによりオニール自身が巨万の富を得たことはもちろん、そのノウハウを学んで成功した個人投資家たちがたくさんいることも知られています。

100年以上のデータを詳細に分析し大化け株に共通する特徴を探り出した

オニールは、成長株をどのように見つけて、どのように買い、どのように売ればいいのかというノウハウを探るために、1880年代にまでさかのぼって大化け株1000銘柄以上を詳細に分析しました。

「歴史は繰り返される」、「同じパターンは何度も繰り返される」ということをオニールは著書の中で何度も述べています。大化けする株にも、繰り返し現れる業績やチャートのパターンがいくつか存在するのだそうです。

社会は変化し、そして進歩しますが、人間の心理や本質は今も昔もあまり変わりません。投資判断をする際に周囲に流されたり、習慣や常識にとらわれたり、簡単に儲けようと欲張ったり、必要以上に恐れたり……そうした人間の性質は1634年に起きたチューリップバブルの発生と崩壊の時から2007~2008年に起きた住宅バブルの発生とリーマンショックの時までほとんど変わっていない、とオニールはいいます。そうしたことから、歴史をさかのぼって相場のパターンを研究していけば、何度も繰り返されているパターンがいくつも見つかります。そして、そうしたパターンや法則を知れば、株式投資での成功にグッと近づくのです。

この章では、オニールの成長株投資のノウハウを紹介したいと思いますが、その考え方をよく理解するためにも、オニールの来歴から見ていきましょう。

優秀ファンドの売買を研究して探り出した「株の絶好の買いポイント」

オニールは1958年、23歳の時に証券会社に入社しました。株式市場のさまざまな動きを経験して業界にだいぶ慣れてきた1960年、株式投資のノウハウ作りを模索し始めます。

オニールはまず過去2年間で最高の投資パフォーマンスを記録した3つの投資信託を分析することから始めました。その中でも特にドレフュス・ファンドについて熱心に研究します。ドレフュス・ファンドはまだ規模は小さかったのですが、突出した運用成績を上げ続けていました。

オニールは3年分の運用報告書から、ファンドが購入した銘柄、その平均購入単価を確認して株価チャートに印をつけていきました。その時、ドレフュスの投資傾向について驚くべきことを発見します。同ファンドの一定額以上の保有株のすべてが、過去の最高値をつけたところで買われていたのです。フィデリティが運用する二本の小規模ファンドも同じような投資法でやはり優れた成果を出していました。

さらに、業績面など上昇する株の条件を探して、オニールは株を買う3つの条件を以下のように結論づけました。

❶機関投資家が買い始めている
❷5年以上連続増益で、当期四半期EPSは最低でも20%上昇
❸十分なもみ合い期間のあとに新高値をつけた銘柄あるいは新高値をつけそうな銘柄で、もみ合い突破の時の出来高は平均的な出来高よりも最低でも50%増加している

機関投資家というのはファンドや年金など大口の投資機関のことですが、資金力がなにしろ大きいので、機関投資家が買い始めているということは株価が上がる重要な要因になります。後でも述べますが、こうした情報は「大量保有報告書」や「投資信託の運用報告書」などで見ることができます。

業績の好調さも株価を上げる要因になりますが、この時点でオニールが発見したのは❷で述べたように「5年以上連続増益で、当期四半期EPSは最低でも20%上昇」という条件でした。

もみ合いというのは横ばいの動きですが、ある程度の期間もみあってから出来高増加を伴って高値更新する動きになるとその後株価が上昇しやすいというのも、オニールがこだわっている条件の一つです。

このルールで1960年2月に初めて買ったユニバーサル・マッチ社の株は16週間で2倍になり、その後も次々と素晴らしい成果をあげ、1961年前半はこの戦略がうまくいき、オニールの資産は順調に増えました。

「売りの3条件」を見出して、資産は短期で40倍増を達成！

しかし、1961年の夏以降に状況が一変します。オニールの口座は相当な含み益になっていましたが、その後株価が天井を打って下落トレンドになるとその含み益は一気にゼロになってしまいました。

オニールはそのことがあまりにも悔しくて、それまで行った取引を徹底的に分析します。売買記録を見て、株価チャートに売買のポイントを書いて、どうして失敗したのか、どうすればよかったのかを考えました。

そういう作業をしてオニールは、「自分にはどのように売るかという戦略がまるでなかった」と痛感します。

そうした反省を経てさらに研究を重ねて、オニールは売りに関するルールもきちんと決めます。それは、

❶マイナス8％で損切りする
❷通常は利益20～25％で一度利食いをする
❸1～3週間で20％も上昇する株は買った時点から最低8週間は持ち続ける

というものです。

「損切りは8％、利食いは20～25％」というのは、失敗した場合の「損失」とうまくいった場合の「利益」の比率を1対3にするということです。こうした方針の場合、勝率25％でも収益はトントンになりますし、勝率が5割を続ければかなり大きな成果を上げられることになります。

そして、1～3週間という短期間で20％上昇した場合には大きな上昇エネルギーが確認できたと考えて、その値上がりを十分に享受する戦略に切り替えます。オニールの研究では8週程度保有を続けることで大きな上昇エネルギーの果実の大部分が得られる可能性が高いということで、買った時点から8週間を一つのメドとしてその間の乱高下はある程度やり過ごして保有し続ける方針にします。

その他にも、業績面で期待外れの数字が出た場合や、テクニカル的に売りのサインが出た場合なども「売り」の方針となりますが、それらについては後ほど詳しく述べます。

このように、買いと売りの戦略を明確化したオニールは、その後快進撃を見せます。1963年には5000ドルの元手を20万ドルにします。なんと短期間で40倍という投資成果です。

毎晩遅くまで研究して自分なりのノウハウや売買ルールを確立して大きな成果を上げたオニールは、株式投資の成果について、「運は全く関係ない。すべて根気と努力のたまものだ」と言っています。

究極の成長株投資法「ＣＡＮ－ＳＬＩＭ法」

その後オニールはこの売買戦略をさらに洗練させて、「ＣＡＮ－ＳＬＩＭ法」の形にしていきます。

ＣＡＮ－ＳＬＩＭ法とは左ページの条件で銘柄選択と投資タイミングを計ることです。

オニール自身はＮで始まる❸と❹を一つの項目として「７つの条件」といっていますが、❸と❹はどう考えても別の事柄ですから、それを分けて本書では「８つの条件」ということにします。そちらのほうがオニールの意図するところがわかりやすくなると思います。

以下ではこれらの条件についてもう少し詳しく説明しますが、日本の株式市場の実情に合った形で私なりに少しアレンジして述べます。オニールの主張とは完全に同じでない部分もありますが、名投資家たちのエッセンスを吸収して実践に生かすには、自分なりに多少アレンジしていくことも大切です。

オニールの「CAN-SLIM法」

❶Current earnings
直近の四半期の利益が勢いよく拡大している

❷Annual earnings
過去数年の業績トレンドがいい

❸New products, New management
今後も業績をけん引する画期的な製品やサービス、あるいは新しい経営体制がある

❹New Highs
株価が年初来高値、昨年来高値、上場来高値など新高値をつけている

❺Supply and demand
需給的に上がりやすいような小型株である

❻Leader or laggard?
相場のリード役といえる値動きや業績の株である

❼Institutional sponsorship
有力な機関投資家が買い始めている

❽Market
相場全体のトレンドは悪くない(下降トレンドでない)

業績と株価の動きが際立って強い小型株を狙え

まず、オニールの銘柄選択条件の最重要ポイントは、「業績と株価の値動きが際立って強い小型株」です。より具体的には、

- **営業利益や経常利益の成長率が過去3年間25%以上で、直近で40%以上に加速し**
- **株価が上場来高値近辺にあり**
- **時価総額が500億円以下の小型株**

というのがオニールの選ぶ銘柄のイメージといっていいでしょう。

業績については、オニールはＥＰＳ（1株当たり純利益）の伸びを条件として使っていますが、私は、営業利益か経常利益を見ていけばいいのではないかと思います。ＥＰＳは株式分割などによって、実質的には変化がないのに数値がいきなり半分になってしまったり、特別損益など一時的要因も入り込むためトレンドが見えづらくなってしまい

ます。その点、営業利益や経常利益なら、株式分割による影響も特別損益による影響も受けないので、その企業の収益力のトレンドを見やすいからです。

また、直近の業績についてオニールは四半期決算の業績の前年比の伸びを条件として挙げていますが、四半期決算でも今期予想でもどちらを確認してもいいと思います。

要するに、業績が順調に拡大していて、それが加速する、という動きが大事だということです。たとえば、経常利益が10億円→13億円→17億円→22億円→32億円というような業績推移がオニールの求めているイメージです。さらに、

・売上高営業利益率が業界内で高いこと
・ROE15％以上

という条件が加わると理想的だとオニールはいいます。

売上高営業利益率とROEは本書ではすでに何度か登場していますが、名投資家たちの多くはだいたい「売上高営業利益率10％以上、ROE15％以上」を銘柄選別の条件にしているようです。

オニール自身は「売上高税引き前利益率」を条件として挙げていますが、一般的によく使われる売上高営業利益率でもほぼ同じくらいの数字になることが多いので売上高営業利益率の方を使えばいいでしょう。
その売上高営業利益率は業種によっても標準的水準が異なるので一概に「何％以上ならいい」とは言いづらいのですが、一般的には10％近くかそれ以上あれば利幅の厚い良いビジネスをしているといえるでしょう。また、10％よりも低くても、同業他社に比べて高いほうであればいいというのがオニールの考え方です。

さらに、業績は数字面だけではなくて定性面も確認します。
業績好調の背景にどんなことがあるのか。今後も業績をさらに大きく押し上げそうな画期的な新製品や新サービス、あるいは新しい形成体制があるのか、そうした点も調べて考えてみましょう。

株価チャートはこれまで登場した４人の話には重要な条件として登場しませんでしたが、オニールは重要視していて、過去の大化け株のチャートパターンをかなり詳しく調べて法則化しています。

詳細は後ほど述べますが、オニールの株価チャートの見方で一番重要なことは、「強い値動きをしている銘柄を選ぶ」ということです。

強い値動きというのは、具体的には、

・市場平均よりもハッキリと強く、リード役ともいえるような動きで
・上場来高値を更新しているような動き

です。上場来高値ではなくても、年初来高値や昨年来高値など直近の高値を更新する動きもまずまず強い動きといえます。しかし、オニールが狙うのはなんといっても上場来高値を更新して、新しい領域に入り始めている株です。小さい会社が大きく化けていく時にはいつでも、業績面や株価面で従来の枠を突破していく局面があります。株価面ではそれが新高値という現象として現れるというわけです。

「小型株」かどうかの判断は、オニールは「発行済み株数1000万株以下」という基準を示していますが、日米では事情が違う面がありますし、株価水準が高いか低いかによっても事情が異なってきます。

一般的に小型株かどうかは時価総額で考えるのが普通であり、それでいいと思います。この問題はリンチの章でも考えましたが、オニールの意図を汲んだ上で常識的に判断すると、「だいたい時価総額500億円以下くらい」と考えていいと思います。特に時価総額200~300億円なら、何か良い変化が出てきた時に化けやすいといえるでしょう。

PER20~50倍くらいで買い、そのPER水準が2倍になったら売る

すでに述べたように、オニールは業績の強さを重視していますが、業績とセットで注目されるPERについては、銘柄選択の条件に入れていません。オニールはPERをあまり重要視していないのです。

しかし、だいたいのイメージとして、オニールはPER20~50倍くらいで株を購入することが多いようです。

ただし、オニールにとって大切なのはあくまでも業績の強さ、株価の値動きの強さ、時価総額の小ささであり、それらの条件が満たされればＰＥＲ１００倍くらいで買うこともあります。オニールが狙っているのはあくまでも短期で大化けする会社の株であり、本当にすごい成長企業は何年かで利益が数十倍になってしまうことがあるからです。

しかし、私はやはりＰＥＲはある程度意識したほうがいいと思います。たとえば、ＰＥＲ１００倍というのは平均的なＰＥＲ15倍の約7倍の水準であり、利益が7倍増することを織り込んだ水準です。ですから、実際に利益が7倍増した程度では株価が上がらない可能性があります。「利益が10倍くらいにはなる」という場合に、初めてＰＥＲ１００倍の株が報われる可能性が出てくると思われます。利益が10倍になるのであれば、ＰＥＲは15×10倍＝１５０倍に評価されてもおかしくない、ということになるからです。

こう考えると、ＰＥＲ１００倍の株を買う場合には、利益10倍増くらいの見通しが欲しいところだなと私は思います。同じように、

- **ＰＥＲ30倍の株を買うなら利益４倍**
- **ＰＥＲ50倍の株を買うなら利益６倍**

くらいの見通しは欲しいところだと思います。

また、オニールは、「買ったときのＰＥＲから2倍のＰＥＲの水準になったら売却する」ということを売却ルールとして意識しているようです。

たとえば、ＰＥＲ30倍で買ったらＰＥＲ60倍で売る、ＰＥＲ50倍で買ったらＰＥＲ100倍で売る、という感じです。

有力ファンドが人知れず買い始めた銘柄に注目

「有力な機関投資家が買い始めている」という条件については、私としては必要条件だとは思いませんが、有望株を探す一つの考え方としては有効だと思います。

この条件については「大量保有報告書」やファンドの運用報告書などで確認できます。

大量保有報告書は、保有株比率が5％以上になった場合や、保有株比率5％以上の投資家の保有株比率に変化があった場合に出される情報であり、「大量保有報告書」とインターネットで検索すれば、それに関するサイトが検索できて情報を確認することができます。その中の大量保有者情報を見て、過去に安定した好成績を収めている優良ファンドが買い始めた銘柄があれば、それは大化け株候補として検討に値するでしょう。

また、成長株発掘が得意で過去の運用パフォーマンスも安定して高いファンドがあれば、そのファンドが定期的に発行している運用報告書をホームページからダウンロードして確認しましょう。新規で買った株や買い増しした株に注目です。

今の日本のファンドでは、ひふみ投信、JPMザ・ジャパン、フィデリティ・日本小型株・ファンドなどが小型成長株の発掘では定評があります。


ただし、機関投資家の保有比率がすでにかなり高くなってしまっている場合（たとえば、大株主上位を機関投資家が占めるケース）には、その株は避けたほうがいいとオニールはいいます。それは、業績悪化など見込みが外れた場合に彼らが投げ売りして下がりやすくなるから、という理由です。

あくまでも、「有力なファンド1～2社が人知れず買い始めた（たとえば、保有株比率1２2％くらい）」頃が注目の時です。そうした場合には、実際に業績が拡大すればその後もそのファンドが買い増したり、その他のファンドが追随買いをして株価の上昇トレンドが加速していく可能性があると考えられるからです。

全体相場の「天井の4つの兆候」そして、「底打ちの3つの兆候」

最後の条件として挙げられている「全体相場の動向」については、当然ですが、底打ちして上昇し始めた局面が一番儲けやすく、天井を打って下落し始めたらしばらく儲けづらくなります。

オニールは、全体相場が底打ちしてから2年間が儲けやすい時期だといいます。そして、上昇期間が2年をすぎて天井の兆候が出てきたら投資金額を減らしたり休止したりするのがいいといいます。

全体相場の天井の兆候について、オニールは次の4つを挙げています。

全体相場の天井の兆候❶
機関投資家による「売り抜け」

値動きとしては、全体相場がかなり上昇したあとに、「出来高が増えているのに株価の上値が重い」と感じられる動きのことです。たとえば平均株価が、

・出来高が増えているのに下落した
・出来高が増えて上昇したけど引けにかけて前日比トントン近辺まで下がった
などの動きです。

こうした動きは、機関投資家などの大口投資家が売り抜け始めていることを示す可能性が高いとオニールはいいます。そして、こうした動きが1ヵ月で3〜5日出現すると株価の天井が近い可能性が高いといいます。

全体相場の天井の兆候❷

高値から急落のあとの「上昇の試しの失敗」

高値から急落下したあとにはリバウンドの動きとなりますが、その動きが出来高も少なくて弱々しい動きになった場合には、高値更新に失敗して下降トレンドに入ってしまう可能性が高まります。

さらに、実際に高値更新ができずに急落時の安値を割り込むと、下降転換の可能性が一段と高まるといえます。

全体相場の天井の兆候❸
リード株の値動きの不調

それまで相場のリード株として、力強い業績拡大を伴って平均株価よりも力強い上昇を続けていた銘柄の動きが鈍くなり、値動きが不調になってきたら全体相場にとっても危険なサインの一つといえます。

また、業績やチャートなどの点で投資対象として魅力的なリード株がほとんどなくなってきた場合にも、全体相場が天井をつける兆候の一つとなります。

全体相場の天井の兆候❹
3回連続の利上げ

利上げというのは、中央銀行が政策金利を上げることです。

中央銀行はお金を発行する銀行のことであり、アメリカの場合はＦＲＢ、日本の場合には日本銀行が中央銀行に当たります。中央銀行は世の中のお金の量を増やしたり減らしたりすることによって景気の調整を行う役割も果たします。お金の量を減らすことを

全体相場の天井の兆し

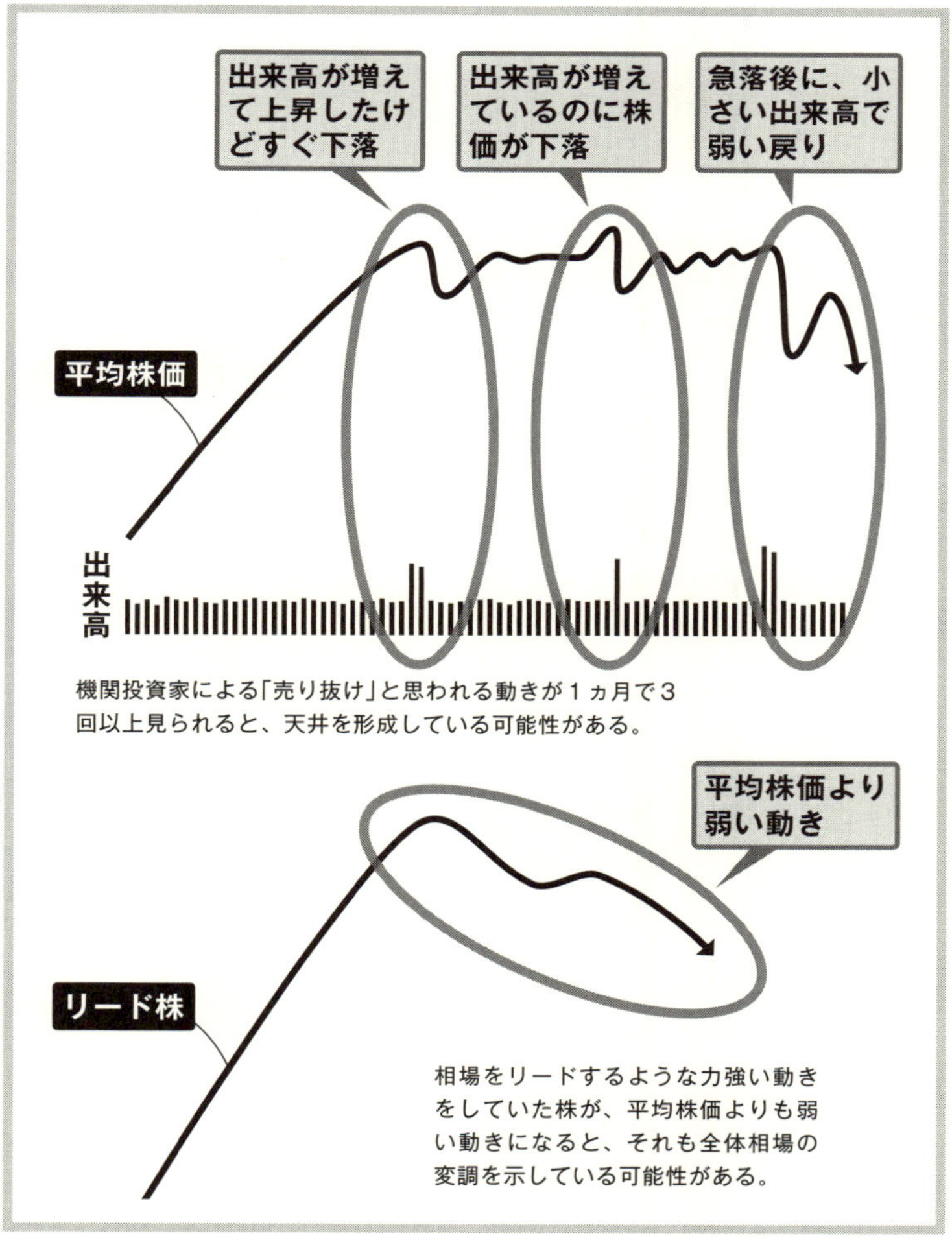
出来高が増えて上昇したけどすぐ下落
出来高が増えているのに株価が下落
急落後に、小さい出来高で弱い戻り
平均株価
出来高
機関投資家による「売り抜け」と思われる動きが1ヵ月で3回以上見られると、天井を形成している可能性がある。
平均株価より弱い動き
リード株
相場をリードするような力強い動きをしていた株が、平均株価よりも弱い動きになると、それも全体相場の変調を示している可能性がある。

金融引き締めといい、主な手段は利上げです。お金の量を増やすことを金融緩和といい、主な手段は利下げです。

金融引き締めは株価下落の原因になり、金融緩和は株価上昇の原因になる、と考えられます。1回だけ金融引き締めをしてもすぐに株価が天井を打つとは限りませんが、3回連続で金融引き締めをすると、株価が天井を打つ可能性がかなり高まるとオニールはいいます（金融政策については302ページも参照下さい）。

以上、株価が天井を打って下降転換するサインについて見てきました。

その一方で、オニールは全体相場が底打ちして上昇転換する兆候として以下のようなポイントを挙げています。

全体相場の底打ちの兆候❶　平均株価が下落した後に急回復する
全体相場の底打ちの兆候❷　安値トライの失敗。上昇後にもう一度下落するが安値更新はできない
全体相場底の打ちの兆候❸　上昇開始4～7日目のどこかで上昇が加速する

オニールは全体相場の底打ちの兆候として前述のようなポイントを挙げていますが、「下落した後に急回復」、「安値トライの失敗」の後、４～７日目に上昇が加速する、という形になると、底打ちの確度が上がるということです。

また、「弱気の専門家が多くて悲観論が強い」という状況でこうした動きが起きると、一段と底打ちの可能性が高まるといいます。

金融政策についても、金融緩和の動きがあると全体相場は底打ち・上昇転換しやすくなるということがいえます。

「だまし」を経てベースから上放れると絶好の買いチャンスになる

以上で紹介した「ＣＡＮ－ＳＬＩＭ法」の考え方には、業績、事業内容、株価の動き、時価総額、機関投資家による保有などの銘柄選びの条件に加えて、買うタイミングまで含まれていますが、個別株の売買のタイミングについてもう少し詳しく見ていきましょう。

全体相場の底打ちのパターン

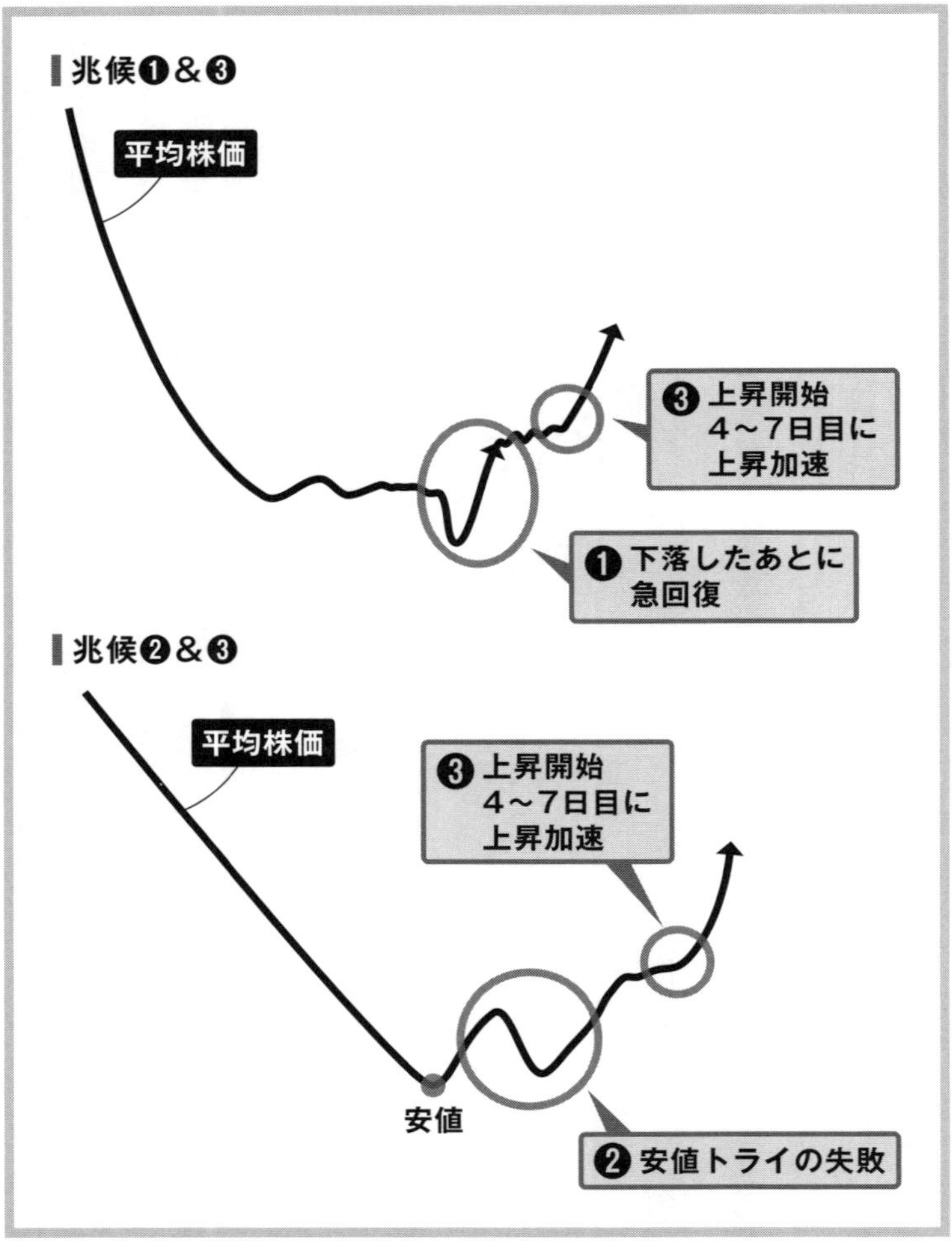

買いタイミングについてオニールは、基本的には株価が新高値近辺になってきたところを狙うのですが、そのタイミングの計り方についてはよりきめ細かい見極め方を示しています。

「新高値を買う」に並ぶオニールの買いタイミングの基本的な考え方は、「ベースからの上放れを買う」というものです。

ベースというのは横ばいの動きのことであり、「もみ合い」とか「もち合い」ということもあります。上放れとはその横ばいの動きの高値を突破する動きのことです。

ベースからの上放れで上場来高値を更新するようなポイントが絶好の買いポイントになりますが、高値を更新しなくても、高値近辺でベースを形成して上放れの動きになったら買いシグナルになる、ということです。

特に、2~3回〝だまし〟の動きが入ってから上放れすると、その後の上昇力が強くなります。

〝だまし〟というのは、まさに投資家を欺くような動きであり、この場合には上昇が「崩れた!」と思わせるような下落の動きのことです。

このような〝だまし〟の動きがあると、しっかり保有する意思のない投資家がふるい落とされて、多少上昇したくらいでは売らずにしっかり保有するという考えの投資家ばかりにがっちり保有された状態になり、一度上昇を開始すると、持続性が高く大きな上昇になりやすい、ということがいえます。

成長株に多く出現する「取っ手付きカップ」

また、オニールは成長株に共通して最も多く見られる有力なパターンは「取っ手付きカップ型」だといっています。これは219ページの図のようにカップのような

〝もみ合い〟からの上放れは絶好の買いポイント

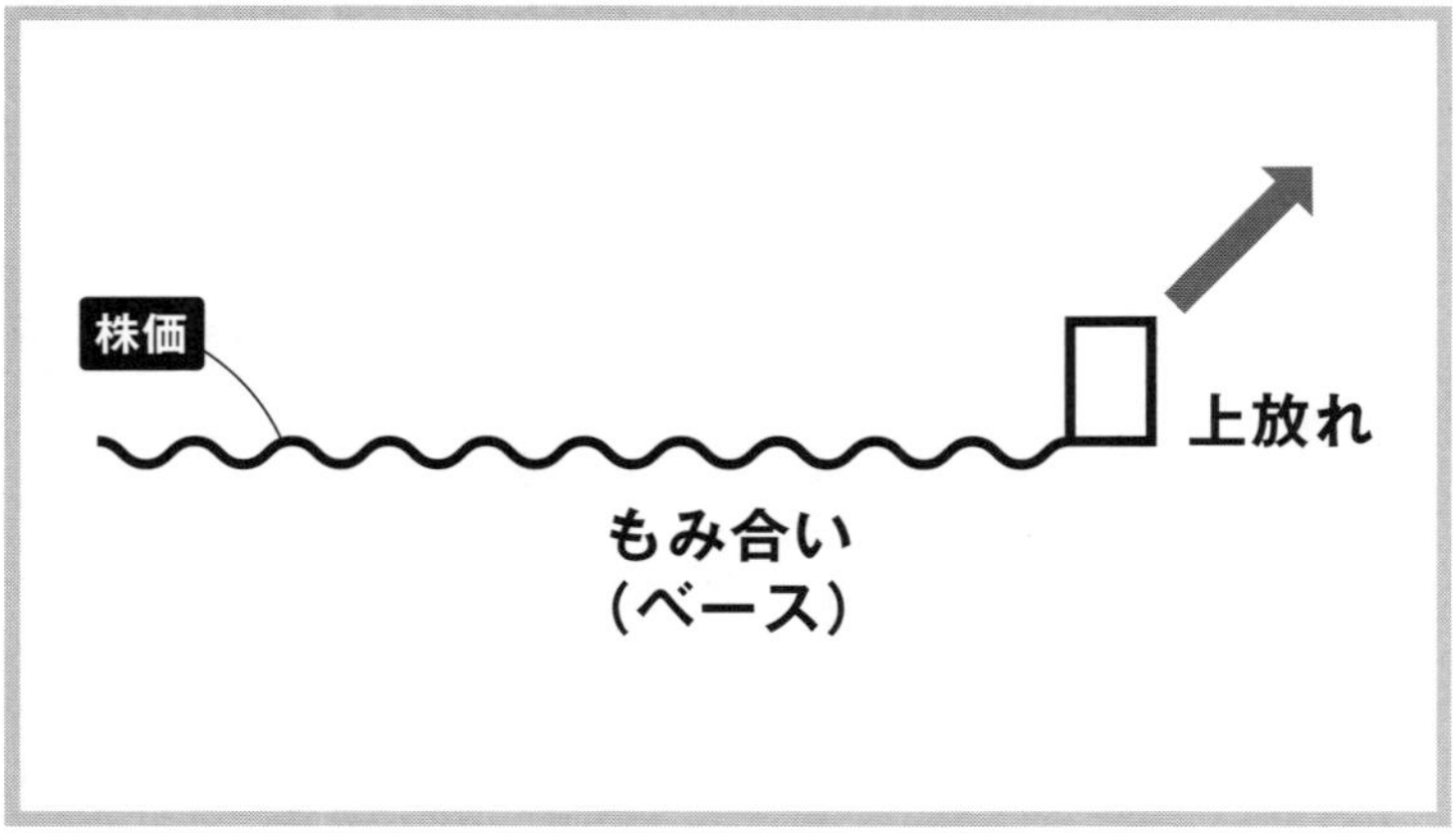

形で株価が調整して高値近辺まで回復した後に、取っ手のように横ばいの動きが続くパターンです。

この形になったら、取っ手の部分の高値を更新したところがベストの買いタイミングになります。

取っ手付きカップのパターンは、だいたい3~6ヵ月で形成されますが、短かければ2ヵ月弱、長ければ1年3ヵ月くらいの期間で形成されることもあるということです。

取っ手の部分は一般的に1~2週間以上かけて形成されます。そして、

- 取っ手付きカップパターンが形成される前に、率にして30%以上の、明確でしっかりとした株価の上昇トレンドがある
- カップ部分の高値から安値までの株価調整幅は12~33%くらい
- カップ底で2~3回の〝だまし〟の動きがある
- 取っ手自体はカップの真ん中より上で、下向きに形成され、取っ手部分の下落幅は強気相場なら高値から8~12%
- 下落する値動きの最後のほうで〝だまし〟の動きが入り、取っ手の安値を下回り、そ

の時に出来高が極端に少なくなる

というような特徴を備えているのが、パターン形成後に株価がスムースに上がりやすい良い形であるということです。

取っ手付きカップは株価調整の（株価上昇が一休みする）パターンですが、その前の上昇が力強いほど上昇エネルギーが強い可能性があると考えられます。

その後の調整幅については50％以上というようにあまりにもカップの部分が深くなってしまうと、それは売り需要が強いことを示している可能性があり、そうした場合には取っ手部分のブレイクに失敗したり、ブレイクしても上昇が小幅になる傾向があるようです。オニールの研究結果としては、33％程度までの調整が望ましいということです。

また、オニールは、「上昇力の強さ」に加えて、「だまし」の動きが何度か確認できる形が理想形だと言います。

「だまし」については先ほど説明しましたが、一時的に弱々しい動きや下振れするよう

成長株によく出現する「取っ手付きカップ」パターン

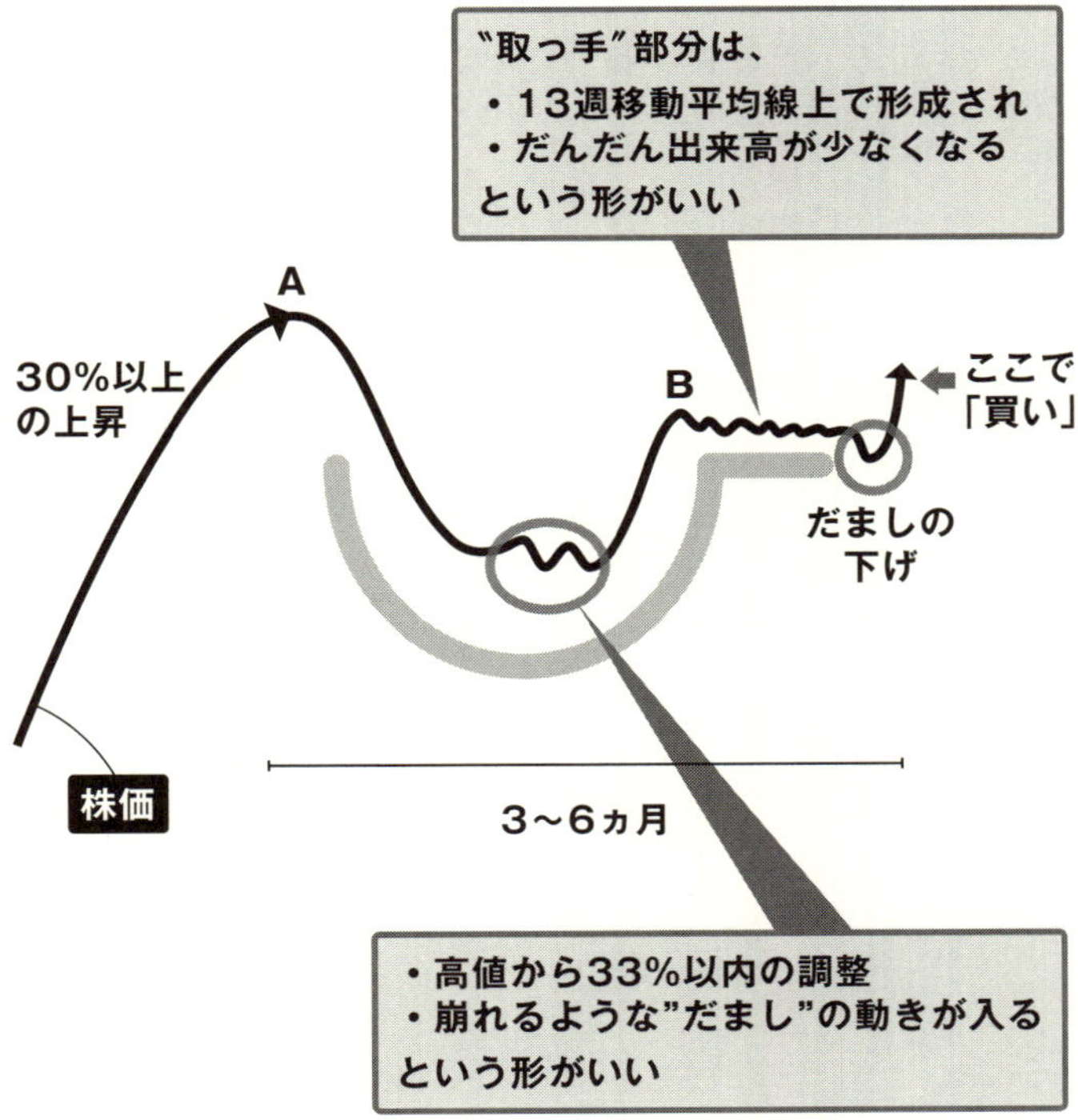

取っ手は高値Aより低く、取っ手の高値Bを超えた「買い」ポイントは厳密には新高値とはいえないが、オニールによると、こうした形がベストだとのこと。一気に高値Aを超える形でもいい。

な動きをすることによって、自信のない投資家が株を手放してしまうような動きのことであり、「ふるい落とし」ともいいます。

自信を持って買っている大口投資家などが、安く買いたいと思って一時的に買いを入れるのをやめて様子見をしてしまうと株価の動きが鈍ることがあります。その時に自信のない投資家の一部が売ることにより安値をつけてしまうことがあり、その動きを見た別の自信のない投資家がさらに狼狽売りをする、ということで「思わぬ安値」をつけることがあるのです。こうした下落の動きになると、その株を本当に買いたいと思っている大口投資家たちが買いを入れて、すぐに株価を戻してしまうことがよくあります。こうした一連の動きを「ふるい落とし」とか「だまし」と呼びます。

自信のない投資家たちはある程度株価が上がってくるとすぐに売却してしまうので、株価が上昇し始めた場合にその動きを抑える役割をしてしまいます。こうした投資家たちがいなくなり、しっかりと保有する意志のある投資家たちばかりになると、その後株価はスルスルと上がりやすくなります。ですから、カップの底や取っ手部分で〝だまし〟の動きが何度か入ることが、その後株価がスムースに上がる要因になるのです。

また、取っ手はカップの上半分の位置で、かつ、10週移動平均線の上の位置で形成されるとその後上放れに成功することが多く、下半分で形成されると失敗することが多い、ということです。日本の株価チャートでは10週移動平均線よりも13週移動平均線のほうが一般的なので、「13週移動平均線よりも上」という条件で考えてもいいと思います。

取っ手部分についての結論としては、「形が崩れない程度にふるい落としの動きがあるというのが理想的だ」ということであり、それは先ほど箇条書きの中で述べたように、下向き、12％以内の下落、出来高の減少などの条件で確認できるということです。

取っ手部分そのものが下がる形をすると、この取っ手全体が〝だまし〟のように自信のない投資家をふるい落とす働きをしますが、この部分が12％を大きく超えて下がってしまうと、それは売り需要の大きさを示す可能性があり、やはり上値ブレイクに失敗してしまう可能性が高まるということです。

取っ手の最後のふるい落としで出来高が細る動きになるのは売り圧力自体が減少していることを示します。

以上の条件がだいたいそろってから取っ手部分の高値をブレイクする動きになると、かなり高い確率でスムースに株価が上昇していく、とオニールはいいます。

また、この取っ手付きカップのパターンに限らず、「ベース」「だまし」「上放れ」の3つがチャート判断の重要な要素になる、というのがオニールの基本的な考え方です。


このようにして取っ手付きカップのパターンが形成されて取っ手の上値をブレイクする時点が最高の買いポイントになるということですが、その後に2回目のベースを作ることが多く、そこからの上放れが2回目の買いチャンスになります。

通常は1回目のブレイクから20％以上上昇したところでベースができることが多いのですが、それ以下でできることもあります。どちらにしても良い買いポイントになるといいます。

しかし、3～4回目のベースになるとブレイクに失敗する（ブレイクしても、すぐに天井を打ってしまう）可能性がだんだん高まり、ブレイクしたらそこが売りチャンスになる可能性が高い、ともオニールはいっています。

絶好の売りポイントを探る

最後に、売りタイミングについて見ていきましょう。
オニールは著書で、「株を売る最良の時期とは、株価が上昇して、これからも上昇し続けると誰もが疑わない時」だといい、成功者たちの次のような言葉を引用しています。
「まだ上昇中の銘柄をこれまで何度も売ってきた。おかげで私は財産を失わずにすんだのだ。売ったことで多額の利益を逃したことも何度かあったが、売らずにいたら株価暴落時にその転落に巻き込まれていたことだろう」（バーナード・バルーク）
「（株式市場で利益を出す秘訣は）決して底では買わず、早めに売ってしまうことだ」（ネーサン・ロスチャイルド）
バルークは20世紀前半、ロスチャイルドは19世紀前半に活躍した金融界の伝説的人物であり、ともに投資で巨万の富を得た人たちです。

この2人の伝説の大富豪とオニールは、株の買い時は底値をしっかり確認して上昇トレンドに入ったところ、売り時は上昇の勢いがあるうちから考えるべき、といっているわけです。

オニールはより具体的な売り戦略として196ページで紹介したように、

❶マイナス8%で損切りする
❷通常は20~25%で一度利食いをする
❸1~3週間で20%も上昇する株は最低8週間は持ち続ける

というルールを持っていて、これを基本としています。

オニールによればベースを形成してそこを抜けだしてすぐのところを買えば、だいたいは8%の損切りルールにひっかかることは少なく、ひっかかっても暴落に巻き込まれずにスムースに売ることができるケースが多いといいます。そして、20~25%の利食いとなる割合が高いようです。特に、CAN-SLIM法の条件に当てはまる銘柄では勝率が高まります。私自身、この方法を実際の売買に愛用していますが、やはりそのように感じます。また、3週間以内に20％の上昇を達成してしまう銘柄は多くの場合2～3倍に化ける潜在性を秘めていることが多く、その力強い上昇は8週間以上続くことが多いため、8週間は継続して保有を続けるべきだというのがオニールの考え方です。

その8週間の間には当然上下動があるわけですが、10週移動平均線を少し下回るくらいまでの下落は黙認して保有し続けるべきだといいます。日本では株価チャートに13週移動平均線が添えられている形が一般的なので、「13週移動平均線を少し下回るくらいまでの下落は黙認して保有し続ける」と考えていいと思います。10週移動平均線も13週移動平均線もそれほど大きく変わるわけではありません。

8週間保有した後に注目すべき売りサイン

8週間以上保有した場合には、すぐに売却するか、売りサインが出るまで保有し続けるかという選択になります。売りサインは、

・**業績が鈍化**
・**チャートの売りサイン**

のどちらかが考えられます。両方が合わされば強い売りサインということになります。

業績鈍化というのは、

・**業績予想の下方修正**
・**新年度予想の増益率が大幅縮小**

などです。

新年度予想の増益率の縮小についてオニールは3分の1以下になったら警戒といっています。たとえば、40％程度の増益ペースだったものが、新年度予想が10％増益と鈍化するようなケースです。

また、チャート的な売りサインとしてオニールが主に指摘しているのは左ページにま

株の売りのタイミング

❶クライマックストップ

上昇が続いた後の、2週間で5割、もしくは1ヵ月で2倍というような加速の動き

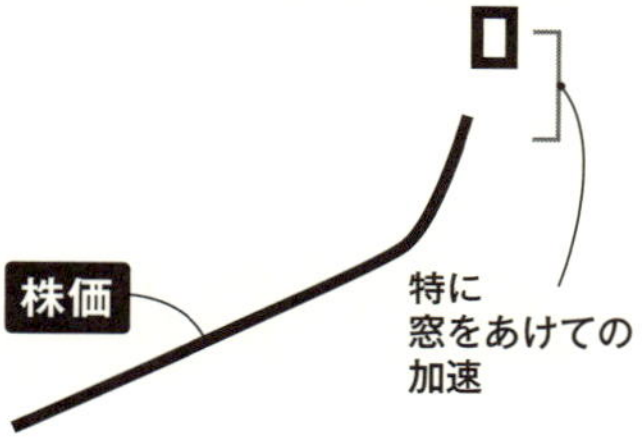

❷3回目や4回目のベース

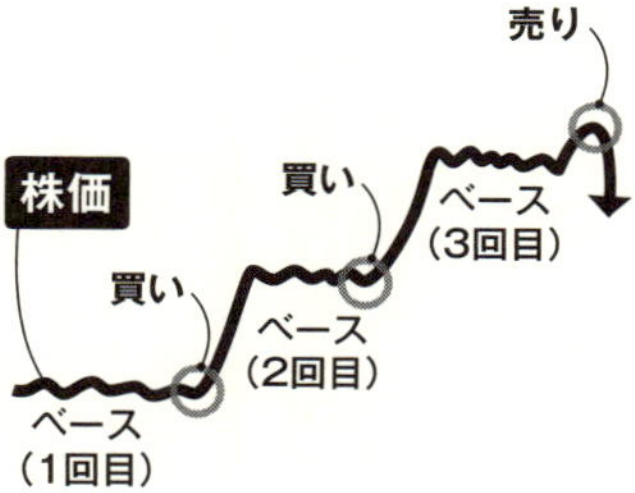

❸上昇の鈍化・高値からの急落

上昇の鈍化は、出来高が増えているのに上昇しなくなったり、平均株価に比べて弱い動きになること

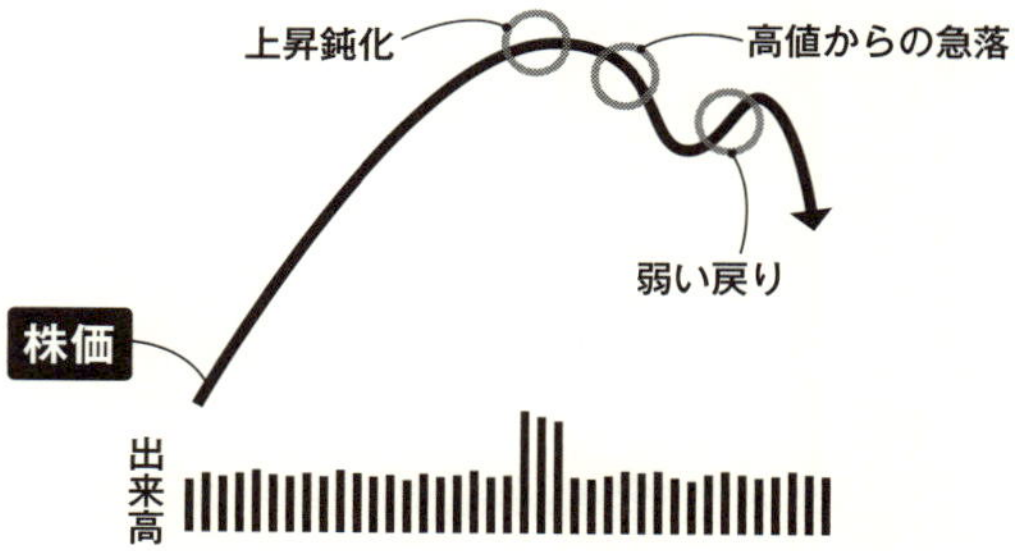

❹弱い戻り

出来高も少なく高値も更新できないこと

❺13週移動平均線を割れて停滞

❻200日移動平均線が下向き

とめた通りです。

クライマックストップというのは、まさにクライマックス的な動きであり、上昇が続いた後に加速するような動きです。たとえば、すでに何倍かに上昇していて、最後の2週間で5割もしくは、1ヵ月で2倍になるような動きがその典型です。

3〜4回目のベースについては222ページですでに説明した通りですが、その段階ではすでに多くの人がその銘柄に対して強気になり、ベースからのブレイクを狙って買うようになるため、実際にブレイクしても利食い売りが出やすく上昇は短期間で終わる上に天井になりやすいという傾向があります。

また、天井から急落した後にリバウンドすることがありますが、そのリバウンドの動きも重要なサインになります。リバウンドの動きが、少ない出来高で弱々しい場合には直近の高値が天井になった可能性が高まります。

さらに、リバウンドした後に直近安値を下回ると、天井を打った可能性が一段と高まります。

その他、下落して13週移動平均線を下回って、そのまま13週移動平均線上を回復できないまま停滞が続いたり、200日移動平均線が下向きになってきたりすると、トレンドの下降転換の可能性がさらに高まります。

なお、前述の通りオニールは10週移動平均線について言及していますが、日本では13週移動平均線のほうを一般的に使うため、ここでも10週移動平均線に代えて13週移動平均線を使って条件を述べています。それでもほとんど支障はないと思います。

改めて、株価チャートを分析する意味について

以上のように、オニールはファンダメンタルズ面に加えて、チャート分析もかなり重要視していて、その有効性を訴えています。

この点が、バフェットなど本書で登場する他の投資家との最大の相違点なのですが、私自身もチャートはある程度参考にしたほうがいいと思います。

バフェットのようにファンダメンタルズ的な判断が完璧に近い形でできれば株価チャートは必要ないかもしれません。むしろ、株価チャートが悪い形でも、バフェットのように判断力に優れていて資金力も莫大な投資家が買い始めることによって、需給は良くなり、チャートの形も良くなっていくことがよくあります。

それに対して私たち個人投資家は、バフェットのような完璧に近いファンダメンタルズ的判断をするのは難しいのではないでしょうか。完璧だと思っても何か見落としている可能性もあります。だから株価チャートを見て、バフェットのような賢い大口投資家たちの動向を探るのです。賢い大口投資家たちがその株を買っていれば、オニールの指摘するような良いチャートの形になります。

つまり、株価チャートを見るということは、賢い大口投資家の気配を追いかけることだといえると思います。

そうしたことを考えると、ファンダメンタルズ分析と株価チャート分析を組み合わせるオニールの手法というのは、個人投資家にとてもなじみやすい手法だといえるでしょう。私自身、とても愛用している手法です。

第6章

〝道ばたにおカネが落ちるまで待つ。
私はただそこへ行き、それを拾い上げるだけ〟

ジム・ロジャーズに学ぶ「バリュー＆チェンジ戦略」

Jim Rogers

写真：Bloomberg/Getty Images

■ジム・ロジャーズ *Jim Rogers*

「割安」な状態で「変化」が起きたところを狙う

ジム・ロジャーズ　１９４２年生まれ。証券会社を経て１９７０年、28歳の時にジョージ・ソロスとともにクォンタム・ファンドをスタートし、10年で40倍以上のパフォーマンスを上げた。37歳で１４００万ドルを手にして引退。世界一周の冒険旅行を2回も行い、その旅の記録は『冒険投資家ジム・ロジャーズ　世界バイク紀行』などにまとめられている。

世界中のあらゆるものが投資対象になる！

ジム・ロジャーズは最も成功したヘッジファンドといわれるクォンタム・ファンドの共同創設者の一人です。１９７０年、28歳の時に12歳年上のジョージ・ソロスと組んでファンドをスタートし、ロジャーズが辞めるまでの10年間で年率40％、資産累計30倍増以上というパフォーマンスを達成しました。ソロスのほうはその後もクォンタム・ファンドを続け、今では2兆円近い個人資産を築き上げており、ウォーレン・バフェットと双璧をなす金融界の生きる伝説となっています。

ヘッジファンドとは空売りもできるファンドのことです。空売りというのは、株を借りてきて売ってしまい、あとで買戻して返済する取引のことです。高い値段で空売りして、安い値段で買戻しすればその利ザヤが取れるというわけです。そして、ヘッジファンドの売買の対象は株式だけでなく、世界各国の通貨、原油や金や小麦などの商品と、市場取引されているありとあらゆるものです。

1970年代にはヘッジファンドは数も資産額も少ないマイナーな存在だったのですが、クォンタム・ファンドの大成功によって後続のファンドも多数出現し、今では通常のファンドや年金資金などとともに金融市場の主要プレーヤーになっています。

また、最近は個人投資家も原油・金・小麦などの商品を先物やETFなどで気軽に売買できるようになりましたので、ヘッジファンドの手法も参考になることが多いかと思います。

ロジャーズの現在の個人資産状況は非公開で、ソロスに比べると見劣りする金額だと思われますが、莫大な個人資産を築いていることは確かです。また、ソロスの投資理論がかなり難解であることに比べると、ロジャーズの理論はわかりやすく、一般の個人投資家にとって参考になる点が多々あります。もちろん、大成功したクォンタム・ファンドの投資戦略のエッセンスもロジャーズから学ぶことができます。そこで、本章ではロジャーズについて取り上げて、その投資ノウハウを学んでいきます。

ロジャーズがクォンタム・ファンドを辞めたのは37歳の時ですが、その時には1400万ドルの報酬を得ました。物価も考えて現在のお金の価値に換算すると数十億円程度という資産になります。その後は個人投資家として、アメリカ株や海外株はもちろん、世界各国の通貨、金、原油、小麦など、市場取引ができるものほぼすべてを売買して資産を増やしていきました。実にさまざまな投資をしてきたロジャーズですが、その手法の基本は極めてシンプルです。

「バリュー&チェンジ戦略」とは

ロジャーズの投資戦略は「極めて割安な状態で、良い変化が生じているものに投資する」というものです。割安さ（バリュー）と変化（チェンジ）の2要素に着目するので「バリュー&チェンジ戦略」と呼べると思います。それは、

❶まずは、株価が業績面や資産面から見て「これ以上、下がりようがない」というくらい割安な水準で低迷が続いている状態の投資対象を探す
❷その投資対象をウォッチして、良い兆候が見え始めたら買う

という2つのステップを踏みます。

「これ以上、下がりようがないくらい割安」な水準で買えば、失敗しても損失はかなり限定されます。

一方、その投資対象に良い変化が起き始めているなら、大きく上昇することが期待できます。つまり、この投資戦略は損失と利益の比率を極めて有利にする戦略であるわけです。

必要不可欠なモノ、本来優秀な企業や国が長期低迷している状態に目をつける

「これ以上、下がりようがないくらい割安」という状態はどう見極めたらいいのでしょうか。

この点についてロジャーズは、

- 世の中に必要不可欠なモノ
- 本来は優秀な企業や国

などを対象にして、それらの価格や株価が長期的に低迷が続いている、という状態に目をつけます。具体的にロジャーズが投資した代表的なものとしては、

- 1970年初頭の天然ガス、石油、金
- 1982年頃のドイツ株

・1998年頃の金、原油、農産物
・2002年頃の中国株
などがあります。

まずは、「世の中に必要不可欠なモノや、本来優秀な国や企業」を投資対象にするという点が重要です。原油などのエネルギー資源や、金・プラチナなどの貴金属、銀・銅・アルミなどの工業用の基本素材などは人類にとって必要不可欠な商品であり、私たちが生きている間にはその必要性がなくなることはないでしょう。

本来優秀な国というのは、ロジャーズによると国民が優秀で、自由で開放的な市場経済の国です。そうした点でドイツはその典型といえるでしょう。

中国も現在は共産主義国ではありますが、国民はもともと教育熱心で仕事熱心な優秀な人たちが多い上に、1978年以降に改革開放路線を進み始めてから自由化と開放化が進んでおり、ロジャーズに言わせると「優秀な資本主義者たち」なのです。

企業の見極め方については、実はロジャーズはあまり詳しく述べていません。しかし世の中に必要とされている、他に代えがたいような技術やノウハウや製品を持っている企業が、投資価値のある優秀な企業と考えていいと思います。

そのような、商品、国、企業の価格や株価が長期間低迷していたら、それはどこかのタイミングで大きな投資チャンスが来る可能性が高く、投資対象としてよくウォッチするべきだ、というのがロジャーズの考えです。

私たちの生活に必要不可欠なモノの場合、その価格が低迷すると、生産者が儲からなくなって生産者数が減少していきます。そして供給能力がかなり少なくなった状態で需要が増加すると、品不足が深刻になって価格が大きく上昇しやすくなります。

優秀な国や企業の株価が長期的に低迷すると、優秀な国民や会社はなんとか苦境を抜け出そうと必死に努力します。そして、その努力がやがて成果を出し始めると、株価は低迷した水準から何倍にも上昇する可能性が高くなるのです。

ロジャーズは、このような商品の需要と供給や、国や企業の成長のメカニズムに注目して投資チャンスを探します。

「単純な逆張り」ではなく、「戦略的逆張り」を

大きく値下がりしているものを買って回復を狙う投資法を「逆張り」、値上がりしているものを買って上昇トレンドに素直についていく投資法を「順張り」といいます。

本書で紹介した投資家でいうと、グレアムは典型的な逆張りで、オニールは典型的な順張りです。フィッシャーはどちらかというと順張り、バフェットはどちらかというと逆張り、リンチは両方を柔軟に使い分けている、という感じでしょう。

そして、ロジャーズは筋金入りの逆張り投資家です。


しかし、ロジャーズは単に「下がったから買う」という「単純な逆張り」についてはは否定的です。

商品価格や株価というのは一度下降トレンドに入るとどこまで下落するかわからない、という面があります。特に、将来性に深刻な問題を抱えた会社の株価は何分の一、あるいは何十分の一にまで下がり続け、場合によって倒産に至ってしまうというケースもあ

ります。

投資家の心理としては、なじみのある会社の株価が大きく下落すると何かバーゲンセールのような感じでその株がとてもお買い得に見えてしまいます。しかし、そうした単純な逆張り投資は失敗することが多く、破産する典型的なパターンだとロジャーズはいいます。

価格が下がり続けている時には、「この価格が下がっているということの背景には、何か重大な理由があるのではないか」ということを考えてみる必要があります。そして、価格が大きく下がっているのが、一時的な下落なのか、さらに大きな下落や破綻に向かう途中なのか、それを見極める必要があるのです。

また、下落する動きは止まっているが、大きく値下がりした状態で低迷が続いているという場合にも注意が必要です。本来的には価値のある商品や企業や国で「これ以上、大きく下がりようがない」と判断できるのであれば投資する条件をかなり整えているといえますが、その低迷が5年や10年ほども続いてしまうこともあります。損しないまでも、なかなか報われないのもつらいものです。そうした事態を避けるためにも「良い変化」を確認してから買うことが大切です。

「単純な逆張り」に対してロジャーズの行う空売りは「戦略的逆張り」と呼べるものですが、ここまでのポイントをまとめると、その「戦略的逆張り」とは、
・「下落の背景」をきちんと踏まえた上で
・「もうこれ以上大きくは下がりようがない」と判断でき
・「よい変化」が出始めていると判断できる時に買う
という戦略ということになります。

ドイツ株投資での数倍の値上がりを取った事例

この戦略的な逆張りの実例を見てみましょう。ロジャーズが1982年にドイツ株に投資した時の事例です。

この時のドイツ株は21年間も低迷が続いていましたが、実体経済は着実に良くなっているところでした。ロジャーズから見ると「どう考えてもこれ以上、下がりようがな

い」という状態でした。

では、どうしてその時にドイツ株の低迷が続いていたかというと、アメリカをはじめ世界的に経済と株価が混乱して低迷していたことに加えて、当時のドイツの政権与党である社会党が株式市場を軽視する政策を続けていたからです。

しかし、この時のドイツには良い変化が2つ出始めていました。その一つは経済そのものがよくなり始めていたことであり、もう一つは、株式市場の活性化を重要視する野党のキリスト教民主党の支持率が上がっていて、選挙で勝って政権を取る可能性が出てきたことです。ロジャーズは、「もしキリスト教民主党が政権を取れば、株価は大きく上昇するだろう」と見ていました。

もし、目論見が外れてキリスト教民主党が負けたら――。

「その時は株価は上がらないかもしれないけど、下がりもしなかっただろう」とロジャーズは言います。経済そのものは良くなり始めていたわけですし、「もうこれ以上下がりようがない」と思われるくらい割安な状態になっていたからです。

結果的には予想通りキリスト教民主党が選挙で勝ち、それと同時に株価が急上昇してそのまま数年に及ぶ大きな上昇トレンドに入っていきました。ロジャーズはドイツ株を

3〜4年保有して数倍増というパフォーマンスを得ました。

その国が良い投資対象となるための2条件

「投資するならどんな国がいいか」という点について、もう少し詳しくロジャーズの考え方を見ていきましょう。

ロジャーズの最大の魅力は、世界各国の経済や株式市場に誰よりも精通しているという点です。ロジャーズは若い時から世界中のありとあらゆることに興味を持ち、世の中のありとあらゆることを知りたいという強い知識欲を持っていました。そうした欲求の一つの実現方法として選んだのがヘッジファンドという仕事だったといえます。

そして、世界を知りたいという欲求が、世界を見て回りたいという願望に転じて、1990年にバイクで世界を巡る冒険に旅立ちました。当時はまだアメリカ人には門戸が閉ざされていたソ連など共産主義国の入国許可も何年もかけて得るなど相当苦労して実現した冒険です。2年弱かけて6大陸、50ヵ国以上を巡るという、まさに大冒険でした。

ロジャーズはその後、１９９９年にも世界を巡る2回目の冒険に出ます。約2年半で１１６ヵ国を巡り、その中には30以上のアフリカの国と、15の内戦地域を含むという、前回をしのぐ大冒険でした。

ロジャーズは学生時代にアメリカのイェール大学、イギリスのオックスフォード大学という名門大学で歴史や哲学を学び、ヘッジファンドでは10年にわたり、世界中のありとあらゆる投資機会を探るために莫大な本や資料を読んで学んできましたが、合計４年以上に及ぶ2回の世界旅行では、実際に世界各国に行って自分の目でそれらの知識を確かめたのです。「ある国の実情を知るためには、国境線をわたるのが一番だ」（ロジャーズ）という言葉を自ら実践して見せ、実際に世界各国の人々と交流し投資もしながら、体験をもって世界への理解を深めました。

もちろんそれは、投資が好きなロジャーズにとって投資先を見極める旅でもありました。実際に現地で見聞きし体験したことを元に投資して、成功や失敗を繰り返しながら国際投資を極めていきました。おそらく、世界中の国々に投資する際の判断力で、ロジャーズの右に出る人はなかなかいないでしょう。

投資先として有望な国かどうかについてのロジャーズの判断基準は、すでに述べたように国民の優秀さと国の政策・体制です。

国民の優秀さについてロジャーズは、教育への熱心さと仕事・ビジネスへの意識の高さで判断します。端的にいうと教育熱心で仕事熱心な国民を多く抱える国は、潜在性がかなり高い国だということになります。

国の政策・体制については、自由で、外国に対して開放的で、市場原理が重視されている、ということが経済発展には重要であり、反対に保護主義・閉鎖性・過度の規制などは国が衰退する原因になるとロジャーズは考えています。

こうしたことを証明する歴史的な事例をロジャーズは著書の中でも数多く挙げています。ロジャーズ自身が世界中を見て回って、さまざまな人と交流してみて、自由で開放的な政策や体制がいかに人々の活動を活発化させるか、逆に閉鎖的で保護主義的な政策や体制がいかに人から活力を奪うか、という事例を実に多く体験してきたのです。

自由で開放的で市場原理が働く状態というのは常に競争と努力が求められる世界であり、やる気のある人たちにとっては活動しやすい環境といえます。一方、やる気がない人、特に既得権益を守ろうとする人たちにとっては厳しい状態といえます。

また、やる気と能力がある人・企業・国でも、大失敗したり不調に陥ることがありますが、その時に保護主義や閉鎖主義に逃げずに正面から問題に取り組んで苦しい時期を乗り切ることによって、かえって体質が強化されていく、ということが歴史的にも繰り返されています。

創造的破壊で復活したスウェーデンと保護主義を優先して低迷を続ける日本

その典型的な事例として、ロジャーズは、１９９０年代初頭に日本とスウェーデンが同じように不動産バブル崩壊で経済的危機に陥ったケースを挙げています。この時は両国の政策的対応の違いによって、その後の経済の長期トレンドの明暗が分かれました。

日本は金融政策と大規模な景気対策を繰り返して、競争力が低下した銀行や企業を保護しました。本来潰れるべき銀行や企業を延命してゾンビ銀行やゾンビ企業を多く生み出したのです。こうした保護政策を強力に推進したことによって、景気と株価は一時的にはすぐに回復するのですがその効果はすぐに切れてしまう、ということを繰り返しました。そして、そのような状況では企業の新陳代謝や人材の流動などが起こらないために本格的な復活は果たせず、結果的に失われた20年と呼ばれるほど長期的な経済停滞を招いてしまったのです。

一方、スウェーデンはこうした保護主義は取らず、経営判断の誤りで経営危機に陥った企業を救わずに、多くの企業倒産や失業を生み出しました。そうした厳しい政策によって2~3年は経済的な混乱に陥り厳しい時期を過ごしましたが、その間に企業の新陳代謝や人材の流動が起こり、優れた多くのベンチャー企業なども出現するようになりました。その結果、世界有数の健全で強い経済となり、長期的な経済繁栄を謳歌する状況になったのです。


スウェーデンのように、保護主義に走らずに、潰れるべき企業は無理に救済せずに潰れるに任せ、その上で経済を立て直していくようなやり方は「創造的破壊」と呼ばれますが、これこそが資本主義経済のダイナミズムを生み出すものであるとしてロジャーズは評価します。

一国の経済状況が苦しくなると、どうしても保護主義や閉鎖主義が台頭します。経営が苦しくなった銀行や企業は政治家に救済を強く求めるようになります。また、外国企業との競争の厳しさから逃れるために、輸入品の関税を上げたり、外国企業が国内に参入しづらくしたりという閉鎖主義的な要求も高まります。さらには、外国からの移民に仕事を奪われるという声も起きて移民排斥気運も高まります。

また、経済が苦しくなると国は通貨安政策にも走りやすくなります。通貨安政策というのは、通貨の安売りであり、国そのものの安売り政策に他なりません。

歴史を振り返ると、こうした保護主義や閉鎖主義のすべてが国の経済を衰えさせる原因になるとロジャーズはいいます。

自由化・規制緩和に大きな投資チャンスあり

そうしたロジャーズの観点からすると、2014年現在の日本はいまだに金融政策や景気対策に頼り続け、特に金融政策への依存はエスカレートし、貿易自由化や移民政策への抵抗も強い、という状態が続いています。経済が本格的な回復に向かうには問題が多いと言わざるを得ません。実際にロジャーズは今の日本の経済政策についてはあまりにも保護主義的すぎるということでネガティブな評価をしており、いずれ厳しい局面が訪れるのではないかと予想しています。

しかし、日本人は教育熱心で国際的に見ても学力が高く、仕事熱心な人が多く、国民の優秀さという点では高い潜在性があるといえるのではないでしょうか。その証拠に戦後50年は世界的に見ても歴史的に見ても驚異的といえる経済成長を遂げました。

ですから、

- **過度な金融政策や景気対策などの保護政策から脱却する**
- **規制緩和や自由化を進める**
- **貿易自由化や移民政策など開放的な政策を推進する**

という方策を取れば、何年か厳しい状況を経ながらも、日本は本格的に復活する可能性があるといえるかもしれません。ロジャーズ流の考え方では、そのように結論づけられると思いますし、私自身そのように思います。

考えてみれば、戦後の日本が驚異的な経済成長を遂げたのも、敗戦と財政破綻という悲劇が結果的に創造的破壊の役割を果たしたからだといえます。自らそうした道を選ぶか、そうした道を迫られるかはともかく、いずれ日本も創造的破壊というプロセスを経て大きく復活する時が来るでしょう。その時こそ真の投資チャンスになるように思われます。

もちろん、日本も1990年代以降何も変わっていないわけではなく、携帯電話の通信事業の自由化や証券取引手数料の自由化など局所的には規制緩和や自由化が行われ、そうした分野では新しい事業や企業が爆発的に伸びて、大きな投資チャンスがありました。規制緩和や自由化が人々のやる気を刺激して経済を活性化させることは、さんざん証明されてきていることなのです。

今後の日本経済では、医療や農業や雇用・人材ビジネスなどの分野での規制緩和や、貿易自由化などが期待されます。実際にそうした規制緩和・自由化が推進されれば、そこに大きな投資チャンスが生まれる可能性があると思います。その時には投資家としてはそれによって化ける可能性のある株を探すべきでしょう。

世界経済のトレンドは「欧米からアジアへ」

ロジャーズは、日本以外のアジア全般については、投資対象国として高く評価しています。ロジャーズの一番のお気に入りは中国です。

中国は共産主義の下で長年経済の低迷に苦しんでいましたが、１９７８年に当時の国家主席であった鄧小平による改革開放路線がスタートすると、それから30年以上にわたり奇跡的な経済発展を遂げました。

中国人はもともと商業的なセンスに優れている、とロジャーズはいいます。その証拠として、中国は世界で最も繁栄していた時期が歴史上何度かあるし、国が低迷している時代にも世界に活路を求めて活躍する華僑とよばれる中国人がたくさんいた、という点を指摘しています。すでに述べましたが、ロジャーズ自身が何度も中国に行って多くの中国人と接してきて、「中国人は優秀な資本主義者だ」と言っています。

そのような「優秀な資本主義者」としての能力が共産主義体制の下で長年抑圧されてきたわけですが、それが鄧小平の改革開放路線で解き放たれて一気に開花したというわけです。

1999年から2002年にかけて2度目の世界一周旅行をしたロジャーズは、「今世界で最も躍動感があるのが中国だ」ということに気づき、「21世紀は中国の時代になる」と確信して中国株投資を始めます。その後2008年にかけて中国株が数倍増しました。

共産党一党独裁、汚職の多さ、不動産バブル、為替管理……など、中国には問題が多いことも事実です。そういったことに関連して、おそらく今後もたびたび混乱はあるでしょう。しかし、そうしたことを経て中国はアメリカをしのぐ経済大国になっていくと予想しており、まだまだ大きな投資チャンスがあるといいます。

ロジャーズは中国以外にもシンガポールやベトナムについて高く評価しています。国民の優秀さと、国の自由化・開放化への取り組みが高評価のポイントです。

シンガポールは華僑など、もともと優秀な国民を抱えている上に、自由化・開放化の政策の点で進んでおり、中国の改革開放路線のモデルになった国でもあります。現在はアジア屈指の経済先進国になっていますが、その強さは盤石だといいます。

ベトナムは長年社会主義体制の元で経済が停滞していましたが、国民はもともと優秀で勤勉ですし、政府も自由化・開放化の路線に舵を切り、その高い成長性が今後一段と顕在化していくとロジャーズは予想しています。


一方、ロジャーズは、アメリカなど欧米の先進国については過度な金融政策に頼る〝日本化〟への道をたどっていると見ています。

特にアメリカは、1990年代後半以降、景気が悪化すると大胆な金融緩和をし、それによってITバブルや住宅バブルなどを発生させ、それがやがて崩壊するとさらに大きな金融緩和を行い……ということを繰り返して、2008年にはついにリーマンショックを招く結果になりました。

リーマンショック後には、従来にも増してすさまじい金融政策を取って景気も回復してきましたが、結局はこれまでの繰り返しに終わり、さらに状況は悪化していくのではないかとロジャーズはいっています。そして、金融緩和による救済策を取らずに創造的破壊を促す政策を取っていれば、数年は厳しい状況になっても、結局はもっと健全で強い経済になったのではないかといいます。

以上のように、大きな流れとしては、欧米からアジアへという流れが起きており、その流れは今後も続くとロジャーズは見ているのです。

「需要と供給の法則」から大きなトレンド転換を予測する

「割安さ」と「変化」を見極めるためにロジャーズは、「需要と供給の法則」にも注目します。特に商品に投資する場合にはこの「需要と供給の法則」が決定的な意味を持つといいます。

たとえば、ロジャーズは1971年に天然ガス、1998年頃に石油や金に投資して何倍増もの投資成果を上げていますが、その投資チャンスは「需要と供給の法則」に注目することによって見出しました。

1971年に天然ガスに投資した時には、安くてクリーンなエネルギーである天然ガスに対する世界的な需要が高まりつつあるにもかかわらず、天然ガスの供給や備蓄が歴史的低水準になっていたことをロジャーズは発見していました。

この時どうして天然ガスの供給が低水準になっていたかというと、天然ガスの価格がかなり低い価格で規制されていたために生産者側にとって採算が取りづらく、ガス田の採掘などが長年行われてこなかったからです。

ロジャーズが天然ガスのパイプラインを運営する会社を訪問した時には、天然ガス価格が低すぎる上に供給や備蓄が少なくてビジネスとしてなりたたなくなっており、経営者が悲鳴を上げている状態でした。実際に倒産する企業もあり、業界そのものが崩壊寸前の状態にありました。

しかし、天然ガスそのものに対する需要は世界的にも高まっており、政府もいつまでもこんな規制を続けられるわけがなく変化の時が近づいている、とロジャーズは考えたのです。実際に、その後天然ガス価格を規制する政策は行き詰まり、需要と供給の法則によって天然ガス価格は大きく上昇していきました。

1998年頃に価格が低迷する金や原油に投資したのも、新興国の台頭でそれらへの世界的な需要が高まりつつあるのに、長年の相場低迷の影響で供給体制があまりにも細くなっていて、いつでも価格が大きな上昇トレンドに入る条件が整っていると判断したからです。

実際にそこから金は5倍、原油価格は10倍に値上がりしました。そして、価格が上がることによって、それらを採掘・精製するビジネスが採算の取れるものとなり、金鉱や油田の開発が盛んになって供給が増加していきました。

もう一つの大きなトレンド「金融から農業へ」

ロジャーズが2020年代という将来に向けて最も注目しているのは農産物です。特に、小麦、大豆、トウモロコシなど基本的な農産物に注目しています。これらの価格も1990年代後半まで長期間低迷が続き、2000年代には上昇したのですが、需要と供給の法則から考えると今後また上昇していく可能性があるとロジャーズは見ています。というのも、世界的な食糧需要の増加トレンドに比べて、農産物の供給が圧倒的に少ないという状況があるからです。そのため、2000年代以降に資源ビジネスが隆盛したように、今後は農業ビジネスが大きく発展するだろうといいます。

ロジャーズは、2020年代に続く経済の大きな流れとしては、「欧米からアジアへ」という流れとならんで、「金融から農業へ」という流れを予想しています。

２００８年のリーマンショックまでは金融ビジネスが全盛であり、経済界のみならず政界に対しても金融業界が絶大な影響力を誇っていました。

そうした状況で優秀な人材はどんどん金融業界に流れていきました。その一つの現れとして、アメリカにおけるＭＢＡ（経営学修士）の取得者がかつて1・5万人程度だったのが20万人前後にまで膨らむ状況になっています。野心ある若者の多くが金融業界をめざし、その多くがそこでの成功を確かなものにするためにＭＢＡ取得を目指すようになったからです。

しかし、１９９０年代以降の先進国による度重なる金融緩和によって世の中にはお金があふれかえり、さらに金融業界における人材も飽和状態になり、需要と供給の法則から考えても金融の価値や力が衰えつつあるとロジャーズは見ています。その代わりに、台頭すると考えられるのが農業というわけです。

そうしたことからロジャーズは、２０２０年代に向けての長期展望として、商品は農産物、企業は農業関連の企業に注目しているということです。野心ある若者たちにも「これからは金融でなく農業ビジネスを目指せ」とアドバイスしています。

第6章
ジム・ロジャーズ

個人投資家へのアドバイス

ロジャーズは著書の中で、個人投資家へのアドバイスとして、次のようなことを述べています。

- **自分が得意な分野のことを徹底的に勉強したり調べたりして、その分野を投資対象とすること**
- **今後10年くらいの大きな流れを考えて投資すること**
- **道に落ちているお金を拾うくらい簡単で確かと思えるチャンスを待って投資すること**

これらはいずれもバフェットと共通した考え方です。

「道に落ちているお金を拾う」というのはロジャーズ独特の言い回しですが、あまりバタバタ売り買いせずに、良く調べたり考えたりして、本当のチャンスが来るのをじっと待てということです。具体的には、「人生で25回しか投資しないつもりで考えなさい」

と言っています。

投資スタイルは人それぞれであり、短期で頻繁に売買するのも一つのスタイルですし、それが性に合う人もいるでしょう。あくまでも自分にとってしっくりくるスタイルを取ればいいと思います。

しかし、「道に落ちているお金を拾う」くらい、損失と利益の比率が有利な投資機会を探すことを心がけることは、短期トレードにも通じるコツだといえるでしょう。

第７章

「PERと成長率の関係」、「グローバルな視点」とは？

ケインズ、テンプルトン、ネフ、是川銀蔵に学ぶ「成長性」と「割安さ」の判断力の極め方

John Maynard Keynes
John Templeton
John Neff
Ginzo Korekawa

さらに4人の名投資家から「成長性」と「割安さ」の見極めを学ぼう

ここまで、6人の投資家たちのノウハウを学んできましたが、全体的に見渡すと「成長性」と「割安さ」の2つがとても重要なポイントになっていることがわかります。これらは株式投資の二大重要ポイントといってもいいでしょう。

ジム・ロジャーズは投資のコツを「バリュー&チェンジに注目すること」と言いましたが、チェンジの中でも特に重要なのが、成長性を確信させるチェンジ（変化）です。

この章では、この成長性と割安さの考え方とノウハウを深めるために、さらに4人の名投資家たちの実践例とノウハウを見ていきます。

ケインズからはあらためてバフェット流投資の有効性を、テンプルトンからはグローバルな観点の重要性を、ネフからは成長性とPERの関係を学びます。最後に是川銀蔵からは、投資家として学び・調べ・考える姿勢の大切さを学びます。

■ジョン・メイナード・ケインズ *John Maynard Keynes*

超優良株を超割安に買い、長期保有する

ジョン・メイナード・ケインズ 1883年生まれ—1946年没。イギリスの世界的な経済学者だが投資家としても有名。若い頃外貨投資で自分の全財産ばかりか親兄弟から預かったおカネまで失う経験を経て、独自の株式投資理論を生み出した。最終的にはバフェットに近い投資法にたどり着いて億万長者になる。主な著書は『雇用・利子および貨幣の一般理論』。

20世紀を代表する大経済学者は、大投資家でもあった

景気が悪くなった時に政府が公共事業など、支出を多くする経済対策を打つことがあります。こうした施策は、20世紀前半に活躍したイギリスの経済学者ケインズが提唱したために「ケインズ政策」と呼ばれており、景気悪化時の応急措置としてとても有効であることが知られています。2008年に起きたリーマンショックから世界経済が比較

的すぐに回復したのも、ケインズ政策が有効に活用されたからだといわれています。

このように、ケインズは20世紀以降、世の中に最も大きな影響を与えている経済学者の一人ですが、実は投資家としても大きな成功を収めました。

ケインズは1919年、36歳の時に本格的に投資を始め、1946年に62歳で亡くなった時には、資産は40万ポンド以上になっていたそうです。現在の価値に換算すると数十億円程度になります。

また、ケインズはチェスト・ファンドと呼ばれるケンブリッジ大学の資金の運用も担当していましたが、1928年から1945年までの18年間の年率平均は13・2％、通算8倍強という成績を収めました。この期間には世界恐慌や第2次世界大戦などがあり、英国の証券市場の平均は年率マイナス0・5％でしたので、そうした状況を考えると驚異的な成績といえます。

世界恐慌の最中の1930年から1931年にかけては資産を約50％減らしたり、第2次世界大戦の始まる直前の1938年にも資産を約40％減らすなど、金融危機や情勢不安などの混乱時などにはかなり苦労したようですが、そうしたことを乗り越えて大きな成果を上げ続けました。

若い時の投機の失敗から得た「短期トレードの極意」

ケインズは若い頃から賭けごとが好きだったそうで、旅先のモンテカルロではカジノで旅費をなくし友人にお金を借りたというエピソードも残っています。

本格的に投資を始めた1919年には、得意のマクロ経済分析を生かして通貨取引（今でいうFX）にチャレンジしました。ケインズは当時のアメリカ経済とドイツ経済のファンダメンタルズから考えてドルが上昇して当時のドイツ通貨マルクが下落すると確信していたため、「ドル買い、マルク売り」という方針で通貨取引をしました。

このケインズの見通しは当たり、ドルは大きく上昇してマルクは下落しました。しかし、ケインズは破産寸前の大失敗をしてしまいました。自己資金の何倍ものレバレッジをかけて取引を行ったために、相場が一時的に「ドル安、マルク高」に揺れ戻した時に、一気に窮地に陥ってしまったのです。そして、「大きな流れの予測は当たったのに、大損をする」という苦汁をなめました。

こうした経験からケインズは、「相場は長期的にはファンダメンタルズに即して動くが、短期的には心理的要因によってファンダメンタルズからかけ離れた動きをする」ということに気づきます。そして、短期トレードで稼ぐには、「1ヵ月後には投資家たちはどんな心理状態になっているだろう」ということを先読みしながら売買する必要がある、と結論づけます。

これが有名なケインズの「美人投票論」です。「美人投票の優勝者に投票した人は賞金がもらえる」というコンテストが行われた時にはどうすればいいでしょうか。賞金をもらうためには自分が美人と思う人に投票するのではなく、他の人たちの心理を読み、多くの人たちが投票しそうな人を考えて投票するべきでしょう。相場もこれと同じだというのです。

こうした相場の性質を見抜いたケインズは、従来通り「経済や企業の実態の分析」をした上で、さらに「相場心理の先読み」にも注力して、短期売買を究めていきました。

ケインズ流投資の三原則

このようにケインズは短期トレードで資産を増やしましたが、資産額が増えるに従いもう少しゆったりと投資する方法を模索します。

たとえば、景気サイクルを利用する手法などにも熱心に取り組みました。それは、ケインズが専門であるマクロ経済の知識を生かして景気の先行きを予想し、それに基づいて株をタイミングよく売買するという考え方です。

しかし、ケインズといえども景気サイクルの転換点を読むのはかなり難しかったようで、実際にその投資法による資産運用はうまく行かずにあきらめたようです。

ケインズが最終的にたどり着いた手法は、「抜群の収益性と成長性を備えた超優良企業を見極めて、その株が超割安な時に買い、長期保有する」という手法でした。これは、ほぼバフェットと同じ手法です。ケインズはバフェットよりも一足早く同じ手法にたどり着いていたのです。ケインズはある程度大きくなってからの個人資産と、チェスト・ファンドの運用などは皆この手法で行って成功したようです。

ケインズは晩年に友人への手紙で「私の投資の成功は、個別株の選択能力にあった」と告白し、試行錯誤の末にたどり着いた投資の鉄則は次の3つであると伝えています。

❶将来性が高く本来の価値から見て割安感が強い少数の優れた株を注意深く選別する

❷その見込みが間違いであることが明らかになるまでは、相場状況が良い時も悪い時も断固として保有し続ける
❸ポートフォリオは、同じ性質やリスクを持った銘柄に偏らせず、反対の性格やリスクを持つ銘柄を組み合わせてバランスを考える

大変不安定で先行き不透明な経済状況の中で過ごしたケインズと、右肩上がりの経済状況の中で過ごしたバフェット。二人の天才がまったく正反対の経済状況で得た結論がほぼ同じというのはなかなか興味深いところです。改めて、「真に優れた会社を見極めて、割安な水準で買い、長期保有する」という戦略の有効性を感じさせられるところです。

■ジョン・テンプルトン *John Templeton*

世界中を見渡して、割安な優良株に投資する

ジョン・テンプルトン　1912年生まれ―2008年没。19歳から投資の訓練を積み、42歳でファンドを設定。以後40年間トップクラスの成績を収め続けて世界的な富豪に。1970年頃から日本株投資を加速し、生涯で最も大きな成功を収める。1986年頃に運用の中心を日本株から米国株にシフトしてこれもまた大成功する。

国際投資のパイオニアであり、高度成長期の日本株投資で大成功！

ジョン・テンプルトンは、世界中の株式市場を見渡して割安な市場を選び、割安になっている優良株に投資するという手法で成功した投資家です。

「本当に競争力があり価値が高い企業はどれか」、そして「本当に超割安株はどれか」。テンプルトンは、そうしたことを判断するためには、一国だけを見るのではなく、世界

各国の経済や企業の動きを知り、それらを比較する必要があると考えて、海外の株を調べたり買ったりすることも厭《いと》いませんでした。

また、テンプルトンは2年7ヵ月かけて世界35ヵ国を旅行して回ったこともあります。このように、世界中から真の割安株を探し求めたのです。

個別銘柄については、事業内容やこれまでの実績などから考えて、今後5年程度は良い業績見通しが持てる優良株を選び、「PER1ケタ」、「PBR1倍以下」などをメドに割安さを判断して投資しました。株の保有期間はだいたい4～5年だったようです。

テンプルトンはそうした手法で1954年から40年間ファンドを運用して、トップクラスの運用成績を上げ続けました。その代表的な成功事例が、高度成長期前の日本株への投資です。当時の日本株は高い成長性がありながら割安に放置されていたのです。

PER1ケタで買い、PER30倍で売る

テンプルトンは戦後一貫して日本株に注目していましたが、特に1970年代になると日本株に対する彼の投資は加速し、ピーク時には運用資産の半分以上を日本株にしま

した。

テンプルトンが熱心に日本株に投資し始めた頃は、有望銘柄がPERわずか1ケタ台でゴロゴロしていました。たとえば、まだ伸び盛りのイトーヨーカ堂はPER約3倍だったそうです。テンプルトンは、そのようなPER1ケタの有望株を買いあさったのです。

その後日本株は歴史的な上昇トレンドを描きます。日経平均は1970年頃2000円前後でしたが、1980年に7000円、1984年に1万円を突破して、テンプルトンがPER1ケタで買った株も、その頃には30倍程度になるものが出始めました。彼はそうした株から徐々に売却していきました。そして、日経平均が1万8000円台に乗せた1986年には、もはや日本株全体に割安感がなくなったと判断して、日本株をすべて売却したのです。

世界を見渡して、真の割安状態やバブル状態を見抜く

テンプルトンが日本株から撤退した後も日経平均は上昇し、1989年末には4万円

近くとなりましたが、これがバブルだったことは今や明らかです。

テンプルトンはバブル相場に興味はなく、日経平均が2万円を超えてからはずっと静観し、日経平均が3万円になった1988年には「日本株は今後この半値になる」と予想しています。その翌年に日経平均は4万円近くになったのでテンプルトンの予想は大外れしたかのように思われましたが、今から考えると実に的確な判断だったといえます。2014年現在でも日経平均は2万円を割れた状態が続いているわけですから……。

1986年に日本株をすべて売却したテンプルトンは、その資金をアメリカ株にシフトして、これもまた大成功しました。その頃のNYダウは1700ドル前後でしたが、その10年後の1996年には3倍の5000ドル台、さらに1999年には1万ドルを突破して、2014年には1万7000ドルに到達しています。テンプルトンの投資判断がいかに的確だったかわかります。

その他にもテンプルトンは大きなトレンドや転換点を捉えることに成功し続けましたが、それは、彼が世界中の経済や株をよく観察することによってもたらされた成果だといえるでしょう。

最近は、アメリカ株、中国株などの情報も入手しやすく、売買もしやすくなりました。個人投資家としても、ぜひ、世界の株式市場を見渡して、投資を検討するような視野の広さを身に着けたいところです。特に、経済と金融のグローバル化が進んだ現代では、テンプルトンの時代よりもそうした世界的な視野が一段と重要になっていると思われます。国内株だけに投資するとしても、世界中の経済や株の動きをウォッチすることが大切な時代になっているといえるでしょう。

■ジョン・ネフ *John Neff*

あえて高成長株を避け、安定成長株を妥当価格の半値で買う

ジョン・ネフ　1931年生まれ。31年間、ウィンザー・ファンドを運用して累計56倍の投資成果を上げる。ファンドの規模は約150倍になった。派手な動きには見向きもせず、経営基盤が強く安定成長力のある株に丹念に投資して絶対的に安定感のある運用をするのが特徴。プロのファンドマネージャーからも尊敬を集め「真のプロ」といわれている。

独自に妥当株価を計算してその半値をメドに買う

ジョン・ネフは31年間のファンド運用で累計56倍増という投資成果を上げたアメリカを代表するファンドマネージャーの一人です。

現役の頃には、「自分自身の資産運用を託すとしたら誰がよいか」というプロのファンドマネージャーたちへのマスコミアンケートでいつも1位争いをするほどでした。こ

のようにネフはプロから尊敬を集める〝真のプロ〟といえます。

その投資手法はＰＥＲ、配当利回り、成長性のすべてにバランスよく目を配って、「収益見通しの良い優良株を、割安な水準で買う」という基本に忠実でシンプルなものです。ネフは割安さの判断に、次のような公式を使いました。

妥当ＰＥＲ＝利益成長率＋配当利回り

※正確には、ここでは利益成長率と配当利回りの「％」を「倍」に変えて考える。また、利益成長率は営業利益か経常利益の成長率と考えてください。以下同様。

この式で計算される妥当ＰＥＲの株価水準より大幅に割安な水準、できれば半分程度の水準で買うという方針です。

たとえば、利益成長率28％で配当利回り2％の場合、妥当ＰＥＲは30倍となります。

そして、株価がＰＥＲ15倍程度であれば買う方針にする、ということです。

なお、配当利回りがあまり高くない場合には、単純に、

妥当PER＝利益成長率
と考えていいでしょう。

成長株投資でのPERの使い方

ここで、数年間の利益成長とPERの関係について少し掘り下げてみましょう。

たとえば、数年後に利益が2倍になるというケースを考えてみます。この場合、現在1株益が100円だとすると、数年後には200円になる、ということです。

標準的なPERが15倍程度だとして、1株益が200円くらいになりそうならば、その会社の株価は1株益200円になることを先取りして、200円×15倍＝3000円と評価されてもいい、と考えられます。

これは、現在の1株益100円から見るとPER30倍ということになります。

要するに、利益が2倍になりそうであるならば、PERも標準的な水準の2倍程度に評価されてもいいのではないか、ということになります。

同様に、利益が数年後に3倍になるなら、PERも標準的な水準の3倍に、利益が4倍になりそうなら、PERも標準的な水準の4倍に……という風に考えられます。
その話を整理すると、以下のような関係になります。

利益が2倍になるなら……妥当PERは30倍（15倍×2）
利益が3倍になるなら……妥当PERは45倍（15倍×3）
利益が4倍になるなら……妥当PERは60倍（15倍×4）
利益が5倍になるなら……妥当PERは75倍（15倍×5）

この話を前提に、今度は毎年の利益成長率とPERの関係について考えます。
たとえば、利益が年率30%のペースで3年間伸びると、利益は、

1・3×1・3×1・3≒2・2倍

となります。

ザックリ言うと、年率30％の利益成長を3年続けると利益はだいたい2倍くらいになるのです。こうした見通しが立てられるのであれば、この会社のPERは標準的な水準である15倍の2倍の30倍と考えられます。

同様の計算をすると、利益成長率40％が3年続く場合の妥当PERはおおよそ40倍、利益成長率50％が3年続く場合の妥当PERはおおよそ50倍と計算できます。だいたい成長率100％のケースまで、「利益成長率＝妥当PER」という計算になります。これが、ジョン・ネフの妥当PERの公式の根拠といえると思います。

ところが、30％よりも低い成長率の場合には、この関係が必ずしも成り立ちません。

5％成長が3年以上続くなら……PER17倍
10％成長が3年以上続くなら……PER20倍
15％成長が3年以上続くなら……PER23倍
20％成長が3年以上続くなら……PER26倍

という計算になります。

ですから、**30%以上の高成長企業なら「利益成長率＝妥当PER」**という公式を使い、成長率がそれ以下の場合には右の対応になると考えればいいでしょう。

これに、配当利回りが何%かあるならば、それをPERに付け加えて考えてもいいということになります。

たとえば、利益成長率15%が3年以上続くと考えられて、配当利回りが3%であれば、PERは23＋3＝26倍と考えられます。

配当というのは、成長投資にお金を回す代わりに投資家に直接還元している金額です。つまり、成長率と配当利回りはトレードオフの関係にあります。トレードオフというのは、どちらかを増やせば、その分どちらかが減る、という関係です。そして、両方を合わせたものがその株への投資価値になっていると考えると、ネフの公式がわかりやすくなると思います。

本書ではこれらすべてを含めて「ネフの公式」と呼びます。

以上の考え方は、ネフの考え方として一般的に紹介されているものを元に私がもう少しきめ細かく整理したものですが、おそらくネフも売買の実践の上ではほぼ上記のように考えたのではないでしょうか。


こうしたネフの公式でネフ自身が成功した事例を見てみましょう。

ネフは1994年にインテル株を買いましたが、この時のインテルは15％程度の利益成長が続いていたのにPERは8倍程度でした。

当時のインテルはパソコンの頭脳部分に当たるCPUという半導体のトップ企業としての地位を築きつつありました。パソコンがまさに企業や家庭に本格的に普及し始める時でしたので、インテルの高い成長は今後3年どころか、5年、10年と続くことが考えられる情勢でした。

当時のインテルは配当がほぼゼロでしたので、ネフの計算式に当てはめるとインテルの妥当PERは23倍です。それから考えるとPER8倍というのは妥当株価の3分の1程度のバーゲン価格であったということになります。実際にネフが買ってから1年後にインテルの株価は2倍に上昇し、その後3倍になり、5年後には約10倍に上昇しました。

インテルの株価上昇が3倍にとどまらなかったのは、15％程度かそれ以上の利益成長が3年よりももっと長く続いたからです。

先ほど「成長が3年続けば」という前提で考えたのは、一般的に投資家たちが具体的に予測を立てて投資判断をする期間が3年くらいであることが多いからです。アナリストレポートなどでも3年くらい先までの予測を立てるのが普通です。

しかし、3年にこだわらずに、2年先でも5年先でも、利益が何倍くらいになるかという予想を立てられるのであれば、そこから妥当PERを考えてもいいでしょう。基本的には277ページで整理したように、「数年で利益2倍ならPER30倍、利益3倍ならPER45倍……」というのが成長株の妥当PERの考え方だということができます。

成長率20％超の株をあえて避ける真意とは

ネフの投資方針でもう一つ注目されるのは、「成長率が高すぎる銘柄は避ける」ということです。具体的には、成長率が20％を超える銘柄は原則として投資対象から外したようです。その理由は、「成長率があまりにも高い会社は経営が不安定になりがちであり、株価も乱高下しやすいから」ということです。これはグレアムも指摘している点です。

実際に毎年20％を超える成長を続けるということは大変なことであり、人材の育成や経営上の管理などが行き届かなくなることが多いでしょう。その結果、スタッフやサービス、製品の質などが落ちたり、運営上の混乱が起きる可能性も高まります。

それに対して20％以下の比較的落ち着いた成長ならば、無理なく成長を続けられ、成長の持続性に確信が持ちやすくなるのです。

高成長株投資への投資についてネフが意識している問題点としては、高成長株は高ＰＥＲであるケースがほとんどであり、高成長・高ＰＥＲ銘柄は株価のぶれが大きくなる傾向がある、ということです。

これについては、64ページの例を読み直してください。この例では、利益成長率30％

でＰＥＲ30倍の株が、利益を10％下方修正しただけで株価が60％も下落してしまう可能性について見ました。

このように、高ＰＥＲの成長株の業績が悪化すると、１株益の低下とＰＥＲの低下の両方が起こり、その掛け合わせで大きく下がってしまうのです。

それでは、「成長率20％」の株と、「成長率10％で、配当利回り５％」の株ならどうでしょうか。

ネフの公式では妥当ＰＥＲはどちらも25～26倍程度であり、実際の株価がその半分くらいのバーゲン価格なら「買い」と考えるわけですが、ネフは後者のほうをより好みます。

後者のほうが、成長率が低いので利益がぶれる可能性は小さいですし、配当として確実に手に入る部分があるからです。

このように、ネフの投資手法はかなり慎重であり、確実さや着実さを求めるものです。

要するにネフは着実で持続的な成長力を持つ企業を投資対象にしていたわけですが、

それは過去の着実な利益成長の実績に加えて、
・財務体質が健全。業界平均以上のROE
・経営者が有能
・製品やサービスに魅力がある
・製品の市場拡大が当面見込める

などの点で判断します。

これらのポイントは、グレアム、フィッシャー、バフェット、リンチ、オニールなどの章でも何度も出てきたものばかりですので詳細はここでは繰り返しませんが、以上のような条件を備えて「10～20％程度の安定した成長力が期待でき、PERは10倍程度かそれ以下の株」がネフのターゲットとする株ということになります。

もちろん、猛スピードで大企業へと成長していく本物の高成長企業が存在することも事実です。そうした銘柄をうまく捉えられれば大きな投資成果が得られます。そのためのノウハウについてはオニールの章で述べましたが、オニールの手法にはそれなりのリスクも伴うということです。

どちらの考え方で投資するのか、あるいは両方の戦略を柔軟に織り交ぜるのか、それは投資家ごとに自分に合ったやり方を探って選択するとよいのではないでしょうか。

■是川銀蔵　*Ginzo Korekawa*

仕事や趣味の知識を生かし、徹底調査して投資する

是川銀蔵　1897年生まれ―1992年没。幼少時から実業家を目指すが、昭和恐慌での挫折を機に経済を猛勉強して株式投資をスタート。1981年に住友金属鉱山株の投資で200億円もの利益を得て長者番付日本一になるなど巨額の利益を得るものの、そのほとんどを奨学財団に寄付。唯一残した自伝『相場師一代』はいまだに読み継がれている。

誤解されることの多い相場師〝是銀〟の実像

是川銀蔵は通称〝是銀〟で親しまれ、1992年に95歳で亡くなるまで活躍した日本を代表する投資家です。彼の成功事例は30億円の利益を手にした日本セメント（現太平洋セメント）、200億円の利益を手にした住友金属鉱山への投資など枚挙に暇がありません。

一般的には〝一か八かに懸ける相場師〟のイメージが強い是川ですが、実像はそのイメージとはだいぶ違うようです。彼は非常に正義感の強い慈善家であり、人の道に外れる金儲けを強く批難し続けました。自分が株で儲けたお金については、そのほとんどを奨学財団に寄付してしまい、自らは生活に必要な最低限の資産を残して余生を熱海で静かに過ごして亡くなりました。

また、彼は努力、想像力、そして行動力の人でした。常に真面目に勉強し、さまざまなアイデアを発想し続けました。そして、興味を持った銘柄があると、すぐに自分の目で確かめに行くなど行動を起こしました。

30代前半に経済を猛勉強したことが大成功の礎に

是川の投資手法の肝は「経済動向を見通すこと」です。その意味で、彼の成功の原点は30代前半、1930年前後にあったといえます。彼は若い頃から事業に熱中していましたが、この頃には昭和恐慌に巻き込まれて会社を倒産させてしまいます。バブル崩壊以降よりも遥かにひどいデフレと金融恐慌の時代だったのです。

そこで是川は人生をやり直すに当たり、まず徹底的に経済を勉強し、経済の先行きを考えることにしました。自分を破綻に追い込んだ金融恐慌とは何であったのか、そして、今後どういう社会になるのか。そのことが自分の頭で整理できないうちはどんなに努力して事業を再開しても致命的な失敗を繰り返してしまうかもしれない。そんな思いが彼にあったのです。それからは、毎日図書館に通って経済関係の本を読みあさり、さまざまな経済データを研究する日々を過ごしました。

徹底したデータ重視で経済の流れを読む

3年間の勉強の末に得た結論は、「経済は波動のように変化していく」ということでした。

たとえば、蒸気機関や鉄道など新しい技術の出現により、経済は新しい状態に移行しようとします。その際、打撃を受ける産業などもあり混乱が起きますが、やがて大きな上昇線をたどり始めます。上昇・下降を繰り返しながら、経済は発展していくのです。是川が経験した昭和恐慌もまさにそうした中の混乱のひとつでした。

そして、経済は最悪の状態の中で好転する兆しが芽生え、絶頂時に下降に転じる兆候が芽生えるものですが、そうした兆候をいち早く見つけることがビジネスや株で成功する秘訣になります。そのために是川が重視したのはデータ分析でした。

たとえば是川は、1933年4月に米国が金本位制（通貨と金の交換を保証する仕組み）を停止することを事前に的中させました。経済規模が大きくなればこの仕組みの維持は難しくなると読んだ上で、「国の金保有量が紙幣流通量の40％以下になったら交換を停止する」という決まりがあることを資料から見つけたのです。そして、毎週発表されるこれらのデータをチェックし続け、金本位制停止の時期を計算したのです。さらに、それによる株式市場の混乱を予想して空売りを仕掛けて大きな利益を得ました。

是川はこれ以外にも株式市場や経済の流れを数多く的中させて成功を重ねていきました。景気変動だけでなく政策転換や戦争勃発などの事象まで的中させ続けたことで有名になり、一度は大蔵大臣（今の財務大臣）を要請されたそうです。

このように、経済データを見て考えることはいつの時代でも投資家にとって大変な力になります。そのための前提として、為替が動く仕組みや、景気が変動する仕組みなど、自分が納得できるまで経済を勉強して、その上でどの経済データがどのような意味を持ち、どのように株価を動かす要因になるのかを自分なりに研究してみることが大切だといえるでしょう。

強い意志により長寿さえ実現させた

是川は投資だけでなく、事業や人生の中で発生するさまざまな問題を、知恵と意志の強さで乗り越えて、ことごとく望みをかなえていきました。その人生は実に痛快なものでした。

例えば95歳という長寿についてさえ、知恵と意志の強さによって実現してしまいました。実は是川は20歳代で肺結核のため療養生活を送ったのですが、それをきっかけに「人間の命とはなんだろう。なぜ早く死んだり、遅く死んだりするのだろう」ということを深く考え始めます。そして、本や資料を読みあさり「人間の生命は自然の法則に従って生活すれば百年以上健康に生きられる」という結論を得ました。

普通の人がだいたい70歳～80歳で死んでしまうのは、是川によると、飲みすぎ食べすぎなど贅沢な生活により人間が本来持つ生命力が衰えてしまっているからだそうです。そうした人間が本来持つ生命力を高めるために是川は菜食中心の自然に近い食生活に切り替え、夜遊びは一切しないと決めました。すべては、長生きをして自分のやりたいことをやって夢をかなえるためです。そして、そうした生活を死ぬまで貫いて実際に100歳近くまで健康的な人生を全うしたのです。

それにしても是川は、どうしてこれほど強い意志を持続することができたのでしょうか。まず是川は、何か問題にぶち当たるたびに「なぜ経済は変動するのか」や、「人間の生命とは何か」という根本的なことに強く興味を持ちます。そして、その興味を持ったことについては徹底的に勉強します。

そして、勉強して物事が見えてくれば、「何をどう努力すれば、何が達成できるのか」が見通せるようになります。手に入れられる大きな成果とそのための方法が見えてくれば、なんとしてもそれをやり遂げようという意欲がわいてきます。このように、是川の中では好奇心、勉強意欲、意志力が支えあい、投資においても事業においても、大きな成功を手に入れることができたのです。

仕事、趣味を極めることで投資力は磨かれる

是川は41歳のころ朝鮮半島で鉱業会社を興しますが、例によりまずは地質学、鉱床学を徹底的に勉強しました。地質調査にも自ら走り回りました。経営者としては技術的なことは技術者に任せておくという方法もありますが、是川はそれでは満足できない性格なのです。自分自身で納得できるまで研究することが正確な判断力を養うという信念があったからです。その結果事業は順調に拡大していきました。

しかし、この話はここで終わりではありません。それは是川が84歳になった頃のことです。新聞を読んでいると、住友金属鉱山が高品位の金脈を発見したとの記事がありました。金脈の大きさはまだわからないということでしたが、それが大規模な金脈に違いないと是川は気づきます。そして、すぐに現地に自分の目で確かめに行きました。その結果、自分が目にしたさまざまな状況から大金脈の存在を確信します。そして、まだ安値で低迷していた住友金属鉱山の株を人知れず買い始めました。その後、同社株は大き

く上昇して是川は約200倍の利益を得る結果となりました。一度仕事で鍛えた鉱業についての是川の判断力は、40年以上たっても正確だったのです。

このエピソードで考えさせられることは、仕事でも趣味でも、自分が関わっていることについてはできるだけ興味を持ち、徹底して勉強してみることが大切だということです。そのことが結局は、仕事にも役立つでしょうし、趣味をさらに深めることにもなるでしょう。そして、株式投資においても何より大きな力になります。是川の生涯をたどっていくと、そうしたことを改めて感じさせられます。

慌てず欲張らず「カメ三法」の精神を守れ！

これだけ勉強・研究熱心で意志も強い是川ですが、破産寸前の失敗もしています。それは、相場見通しが外れたからではなく、信用取引で目いっぱいの勝負をしてしまい、リスクを取りすぎたことが原因でした。

相場見通しは大当たりしたのですが、利食いするタイミングを誤ってしまい、冷静さを失って信用取引でさらに保有株数を膨らませ、それがアダになって大きな損失を食らったのです。結局破産するところまでは行かず何十億円かの資産を残すことはできましたが、もう少し判断を誤ればすべてを失うところでした。

このように、是川は何度かギリギリの勝負をしています。人生に数度の大チャンスと認識すると、すべてを賭して勝負しなくては気がすまない性分だったようです。その都度大きなピンチを切り抜けて成功してきたわけですが、運命の歯車が少し狂っていれば実際に破滅していたかもしれません。

どんなに自信ある投資対象が見つかったからといって、あまりにも大きな金額を買いすぎてしまうと感情のコントロールが難しくなります。人並み以上に判断力に優れていて意志の強い是川でさえ、感情がコントロールできなくなり大きなミスジャッジを犯して窮地に陥りました。そこで是川は、自分の経験を踏まえ、

❶人知れず安く放置されている優良銘柄を仕込んでじっと待つ
❷経済、相場の動きを自分でよく観察する
❸思惑を膨らまさず、手持ち資金で投資する

という「カメ三法」の投資姿勢を一般投資家にすすめています。

慌てず、欲張らず、カメの歩みのように着実に投資しようということです。是川自身も、数度の大勝負を除いてはこの姿勢を貫いて投資をしていたようです。

また、是川は、「ただ儲かればいい」という姿勢を厳しく批判しています。人を陥れてまで儲けることは論外だし、できれば社会的な意義を考えながら投資するべきだといいます。結局、そういう姿勢であれば、よく勉強しようという態度にもつながり、なによりも、欲望を過度に膨らませて失敗することを防いでくれるはずです。

第**8**章

出来高、金融政策、政治動向から考える

ツバイク、ソロスに学ぶ

相場と経済の転換点の見極め方

Martin Zweig

George Soros

相場のトレンド判断の達人ツバイクと経済のトレンド判断の達人ソロス

ここまで主に個別株の投資法について見てきましたが、最後に相場、および経済全体のトレンドや転換点を見極めるノウハウについて見ていきましょう。

株式投資の基本はあくまでも「良い株を見極めて割安に買う」ということですが、全体相場のトレンドや転換点が見極められれば、より良い投資タイミングを探したり、危険な投資タイミングを避けたりするのに役立ちます。また、ドル相場やユーロ相場のトレンドは、それら通貨への投資の判断にも役立つことでしょう。

ツバイクからは、チャートと金融政策から全体相場のトレンドを判断するノウハウを、ソロスからは、経済実態・需給・政治から経済トレンドを判断するノウハウを学びます。

■マーティン・ツバイク *Martin Zweig*

爆発的上昇と金融政策から相場の大転換点を見極める

マーティン・ツバイク　1942年生まれ－2013年没。アメリカで最も著名な株式市場アナリストの一人で、市場トレンド分析の第一人者。発行するニュースレターで次々予想を的中させたことで注目される。約1兆円の資金を運用する著名なファンドマネージャーでもあった。ミシガン州立大学にてファイナンス論で博士号を取得し、ニューヨーク市立大学の助教授にもなった。

出来高をともなった爆発的な上昇は数年に1度の上昇トレンド開始の合図

マーティン・ツバイクは、トレンド判断の名人といわれ、株式市場で数年に1度起こるような重要なトレンド転換を多数的中させてきました。そして、その能力により、ファンドマネージャーとしては、運用資金約1兆円という全米トップクラスのポジションを獲得し、投資顧問としても、格付け機関から何度も1位の評価を得ています。このツバイクからは全体相場のトレンド転換を判断するノウハウを学びましょう。
株式市場のトレンド転換のサインとしてツバイクが特に注目するのは、

- **安値圏で「爆発的上昇日」が2回以上出現**
- **金融政策の重要な変更**

の2つです。

ツバイクは過去80年の株式市場のデータから主な上昇トレンドをすべて検証した結果、ほとんどの上昇トレンドの発生初期に「株価の爆発的上昇」が起こっていることを発見しました。株価の爆発的上昇とは、買いが殺到して株式市場全体が爆発的な勢いで上昇を開始することです。
ツバイクは株価上昇の爆発ぶりを測る指標の一つとして「10日騰落レシオ」を使っています。10日間という期間を取り、日々の値上がり銘柄数の合計が値下がり銘柄数の合計の何倍あるかを見る指標です。これが2倍を超えることは、過去、4年に1度程度のペースでしか起こっておらず、そのいずれもが上昇トレンド発生の起点になっているということです。

ただし、一般的には10日騰落レシオよりも25日騰落レシオのほうが有名であり、それならばインターネットで検索してすぐに確認できますが、10日騰落レシオはデータそのものをチェックするのが難しいのが現状です。

しかし、ツバイクのいうエッセンスとしては、2週間程度の期間で爆発的な強い動きが見られることが重要ということです。ツバイク自身が著書で、「2週間程度以上にわたって株価が『爆発』するのを辛抱強く待って、その後に市場に参入し、そのときに『高値』水準にあると思われるものを買っても、読者はその後に続く数カ月で異常なほどの大きな利益を上げることができたのである」(『ツバイクウォール街を行く』パンローリング刊)と述べています。

ツバイクは、また、「値上がり銘柄出来高指標」という指標も使います。これは、その日の値上がり株の出来高合計が、値下がり株の出来高合計の何倍であるかを見る指標ですが、この指標もあまり一般的ではなくチェックするのが難しいので、「上場銘柄の9割以上が上昇するという全面高の日で、日経平均が出来高を伴って大幅上昇する日」

が、その日に相当すると考えればいいでしょう。それはまさに、市場に買いが殺到する「爆発的な上昇日」といえます。

ツバイクによると、過去にこの爆発的な上昇日が3ヵ月以内に2度以上起こると、その後大きな上昇トレンドに発展する可能性がかなり高いということです。

ここで大切なポイントは、「大きな上昇トレンドは、安値圏からの株価爆発で始まる」という考え方そのものです。そのことさえ押さえておけば、難しい指標を用いずとも、長期の株価チャートを見て、数年に1度といえる「株価爆発」がないか観察することで、大きなトレンド転換を見極めるのに役立つことでしょう。

金融政策から相場トレンドの転換を探る

それでは次に、株式市場の転換点を捉えるための2つ目のポイントである「金融政策の重要な変更」について見ていきましょう。

210ページでも述べた通り、金融政策というのは、中央銀行が世の中に出回るお金の流通量を変えようとする政策のことです。お金の流通量を増やす政策を「金融緩和」、お金の流通量を減らす政策を「金融引き締め」といいます。中央銀行とはお金を発行したり管理する銀行のことで、日本では日本銀行、アメリカではFRBがそれに相当します。

金融政策の主な手段は利下げと利上げです。利下げとは金利を下げることでお金を借りやすくしてお金の流通量を増やそうとすること、利上げとは金利を引き上げて安易にお金を借りられなくしてお金の流通量を減らそうとすることです。

しかし、利下げには限界があります。実際に、2014年現在、日本銀行が政策のターゲットにしてきたコールレート翌日物（金融機関同士がやりとりする1日だけのお金の貸し借り）の金利はほぼゼロになっています。

そこで日本銀行が2001年に人類史上始めて取った政策は量的緩和と呼ばれるものでした。これは、日本銀行が民間の銀行から国債などをどんどん買い取って、その代金を銀行にどんどん振り込んでいくことによって資金を供給する政策です。日銀からお金がたくさん振り込まれれば、それが銀行貸出の形で世の中に出回って、金融緩和の効果が出るだろうということを狙って行われるものです。

では、ツバイクのいう金融政策の重要な変更とはどういうことを指すのでしょう。第一に、金融引き締めから金融緩和へ、金融緩和から金融引き締めへというように方向性を変えることを指します。加えて、それが連続的に行われたり、緩和や引き締めの幅が大きいような変更に注目します。

実際に過去の事例を見ても、金融政策変更が株式市場に及ぼす効果は大きくて、相場の重要な転換点になることが多いのです。


たとえば、1987年10月下旬、アメリカではブラックマンデーと呼ばれる株価大暴落が起き、NYダウは2週間で2600ドル台→1700ドル台と約35％下落しました。

この暴落の前には1月から8月にかけてNYダウが1900ドル台→2700ドル台と大幅に上昇して株式市場が熱気に包まれていましたが、そんな中でFRBは9月初旬に5・5％→6・0％という利上げを実施しました。これは、「約4年ぶりの金融引き締め」であり、相場がかなり過熱気味であったこともあり、相場に冷水を浴びせる効果が出る可能性がありました。

ツバイクは、これを相場下落のサインと見て、プット（株価が下落すれば儲かる金融商品）を買って大きな利益を得ました。

日本でもこのような事例には事欠きません。典型的な例は1990年以降のバブル崩壊です。

日経平均は1980年代後半に歴史的なバブル相場となり1989年5月には3万3000円台をつけました。この時に日本銀行は景気と相場の過熱を収めるために、約9年ぶりに利上げを行い、その後10月、12月と連続して利上げを行いました。それでも日経平均の上昇は収まらずに結局12月末に3万8915円に到達したのですが、翌年1990年1月からバブル相場の大崩壊がスタートしました。


以上のように、金融政策の変更は、しばしば重要な相場転換点のサインになりますが、注意点がいくつかあります。

一つは、金融政策の変更から相場転換までタイムラグがあるケースも多いということです。1989年のバブル相場のピークアウトも、利上げ開始から7ヵ月も経過してからでした。

また、日本は2001年に人類史上始めての量的緩和というかなり大胆な金融政策を導入しましたが、株価が実際に底打ちしたのは2003年になってからであり、これもかなりのタイムラグがありました。

2014年現在の日本では依然として量的緩和が実施されています。これは「非伝統的金融政策」と呼ばれるように、歴史的にあまり事例がない金融緩和です。これが長い目で見て何か副作用のようなものをもたらすリスクはないのかどうか、そうしたことにも注意が必要かもしれません。これが2つ目の注意点です。

そうした注意点を踏まえながら、投資家としては金融政策のことを勉強しつつウォッチしていくことが重要だろうと思います。

■ジョージ・ソロス *George Soros*

経済実態、需給、政治の3要素を確認して為替取引に賭ける！

ジョージ・ソロス　1930年生まれ。ユダヤ系でハンガリーのブタペスト出身。ロンドン・スクール・オブ・エコノミクスを卒業後、ロンドンの証券会社に入社。その後、アメリカに渡り、盟友のジム・ロジャーズとクォンタム・ファンドを設立し驚異的な運用実績を上げる。1992年に英ポンド売りで巨額の利益を得たことでも有名。一代で2兆円近い資産を築く。

ファンダメンタルズとの乖離を探して、その修正の動きに勝つ

ジョージ・ソロスについてはジム・ロジャーズの章でもたびたび触れましたが、2兆円近い個人資産を築いたヘッジファンドの巨星です。

ソロスの手法はマクロ経済の流れを徹底的に考えぬいてトレンドや変化をつかみ、その方向に賭けるというものです。その代表的な成功例に1980年代のドル売りがあり

ます。

1970年代のアメリカは長い不況に悩まされていましたが、1981年に就任したレーガン大統領は、「強いアメリカ」というスローガンの元、経済面では強力な「ドル高政策」を採りました。それにより輸入品の物価が下がり、米国を苦しめた高インフレが収まっていきます。また、ドル高により世界の資金が米国に向かい、米国株は上昇、景気そのものも回復に向かいました。

しかし、国の実力を超えた極端なドル高政策は、長く続くものではありません。実際に、そうしたドル高によって自動車産業が輸入車の攻勢に悩まされるという弊害が目立つようになりました。

「レーガンのドル高政策は、いずれ行き詰まる」と読んだソロスは、ドル売りをしかけるタイミングを虎視眈々と狙っていました。

1985年の半ば、ソロスはいよいよ勝負の時が来たと感じ始めます。アメリカの産業界のドル高へのフラストレーションはピークに達し、政界にもそうした産業界の不満に応えようとする機運が出てきました。

経済実態から考えれば、ドルは本来かなり安い水準にあるはずであり、もしドル高政策が転換されたら……。今度は劇的なドル安トレンドが発生するはず。そう考えて、変化が迫る気配を感じ取っていたソロスは、１９８５年９月には巨額のドル売りを行います。

そして、９月22日、当時のアメリカの財務長官ベーカーは、日英独仏の４ヵ国蔵相に呼びかけ、会合を開きました。「どこかで劇的なドル安が起こる」というシナリオを持って成り行きを見ていたソロスは、会合の目的をすぐに察知し、さらにドル売りポジションを増やしました。

結局、ソロスの確信通りその会合では後にプラザ合意といわれるドル安政策が５ヵ国の間で確認されて、当時１ドル＝２４０円だったドルは１年後には１５０円近辺まで下落し、ソロスは巨額のリターンを得たのです。

中央銀行や政府の強引な相場誘導は破綻する

ソロスの最大の成功例といわれるのは、１９９２年の英国ポンドに対する売りです。

当時、欧州では本格的な通貨統合に向けて、参加各国はドイツ通貨であるマルクに対して自国通貨のレートを一定の水準に維持することが義務づけられていました。イギリスとしては1ポンドを2・95マルク、最低でも2・77マルクに維持しなければなりませんでした。

しかし、この時のイギリス経済は下降線をたどっている状況であり、この為替水準は、経済の実勢に見合うものではありません。そして、「経済実勢に見合わない為替水準」が、英国の景気の足をさらに引っ張る悪循環に陥り始めていました。

92年7月になると、ポンドは「割高ではないか」という雰囲気が出始める中で売り圧力に押され、2・85マルク近辺に下がっていきました。ソロスはこうした動きをじっと観察し、生涯最大の勝負に出る時を虎視眈々と狙っていたのです。

この時のイギリス政府にとって、下落するポンドを防衛する最大の手段は「利上げ」です。金利を高くすることで世界のマネーをポンドに呼び戻し、ソロスのような売り方を撃退するという戦略でした。

しかし、金利を上げることは、自動車・住宅・設備投資などをローンで買う動きも鈍化させ、債務に苦しむ企業をさらに追い込み、ただでさえ衰退を続ける英国経済をますます悪化させてしまいます。イギリス政府にとって、「利上げするも地獄、しないも地獄」まさにジレンマ状態でした。

この状況で、イギリス国内からは、「通貨統合から離脱して、通貨も金利も切り下げ、景気回復を優先しろ」という声が高まりました。

しかし、通貨統合は欧州が世界経済の中心に返り咲くために1970年代から進められてきた一大プロジェクトであり、イギリス政府としてもどんな犠牲を払ってでも成し遂げる決意を何度も表明してきたことです。そこで為替介入を必死に行ないましたが、ポンドに下げ止まる気配はまったく見られませんでした。

3条件が完全に整い、全力でポンド売り

もはや、イギリスとしては、欧州統合の中心国であるドイツが利下げをすることで、資金の流れがドイツからイギリスに来るように望むしかありません。もちろん、ソロスにとっても、ドイツの動きが最大の関心事で、注意深く動きを見守っていました。

しかし、ドイツは東西ドイツ統合の後遺症でインフレに悩んでいたので、金利や通貨を切り下げることはできるだけ避けたいと考えていました。マルク安になって、外貨が上がるのに伴って輸入品の物価が上がり、インフレに一段と火をつけてしまうからです。

ドイツがそのような状態であることは、ソロスはすでに十分に分析できていましたが、さらなる確証を求めているところでした。この年の8月の終わり頃になると、ドイツ政府は「イギリスが通貨統合から離脱するのもやむを得ない」という態度をだんだん明確に見せるようになってきました。

これでもう、ソロスにとって、ポンド売りを仕掛ける条件は完璧に整いました。それはつまり、

- 経済実態
- 需給状態
- 政治要因

の3つです。

最大の要因である経済実態はすでに完全にポンド安のほうに傾いていましたし、マーケットの需給状態もポンド安に傾いていました。為替介入にもかかわらずポンド安が止まらなかったのがその証拠です。

そして、最後に政治的な条件も整いました。確かにイギリス自体は最後までポンドを維持する政治的意向を持っていたのですが、すでにイギリス一国でどうにかなる状況ではありません。頼みの綱であるドイツは国内事情で手一杯であり、通貨統合を目指す欧州各国の足並みは完全に崩れていたのです。これらのことを確認したソロスは、9月に入った段階で100億ドル（1兆円以上）の資金をポンド下落に賭けました。

ソロスは大勝利。そして英国経済も復活

そして、運命の9月15日が来ました。ポンドはすでに制限ギリギリの2・77マルク目前となっていました。イギリスの中央銀行は最後の手段として金利を10％→12％→15％と1日のうちに2回上げました。しかし、それでもポンドは上がる気配を見せず、イギリス政府は万策尽きました。その後ポンド相場はパニック的に崩れ落ち、10月にかけて、

対ドルで20％近い暴落となりました。

ソロスの完全勝利です。ソロスのファンドはこの時の投機で合計20億ドル（日本円で2000億円以上）を稼ぎ、ソロス自身はその3分の1ほどの報酬を得ました。

また、興味深いことにこのあとイギリスの景気は回復に向かい、イギリス経済は大復活します。それを考えると、イギリスのために闘っていたのはイギリス政府なのか投機家ソロスなのか……という思いになります。

一つだけ確かなことは、中央銀行も投機家も関係なく、経済の流れを考え抜いて読み切った者が勝利し、見誤った者が敗れるということです。ソロスを知れば知るほど、「経済の本質を考え抜くこと」の大切さが感じられます。

エピローグ

株式投資で成功するための5原則

ここまで12人の名投資家のノウハウを概観してきました。12者12様という面もありますが、かなり共通した面もあります。

彼らのノウハウから何を学んで、どのように生かすべきか。

最後は私自身が、彼らのノウハウ全体を見渡して株式投資で成功するための5原則をまとめることにします。

原則❶　投資戦略の大原則

「損失と利益の比率の有利なものに投資する」

これは本書の「はじめに」で、「リスクとリターンの比率を考えよう」と述べた通りであり、本書に登場する全投資家に共通する考えです。

投資に損失のリスクはつき物ですが、そのリスクに対して期待できる利益が何倍も大きければ、それは投資するに値する案件だといえるでしょう。

たとえば、「失敗した場合の下落率はせいぜい20％程度、成功した場合に期待できる上昇率は１００％以上」と考えられる案件があったら、損失と利益の比率は1対5です。これはかなり有利な投資案件といえます。

実際には、失敗した時の損失がどのくらいで、成功した場合の利益がどのくらいか金額や％で定量的に考えることは難しいので多分に感覚的な判断になってしまいますが、それでも、「損失と利益の比率から考えて明らかに有利な案件に投資する」ということを意識することで、株式投資だけではなく、ＦＸでもその他の賭け事でも成功する可能性が高まるといえるでしょう。

原則❷　バリュー投資の原則

「バリューを考え、上昇余地の大きな株に投資する」

「損失と利益の比率が有利なもの」、つまり「下落余地が小さくて、上昇余地が大きい」という株を探すために有力な方法はバリューに注目することです。企業の価値から考えて、その株の割安さが大きい場合には、下落余地が小さくて上昇余地が大きい、と考えられます。

バリューに着目するというのも、本書に登場する名投資家たちに共通するところです。収益力が高い株をPERが低い時に買えば、「下値余地が小さく、上昇余地が大きい」という状態である可能性は高いといえます。

その場合、もし業績が悪化してしまっても、もともとPERが低い状態ですから、大きな下落に見舞われる可能性は小さいでしょう。

私自身の経験では、好業績・低PERの株を買って損切りしても、損失率はせいぜい20%程度くらいまでのことがほとんどです。それに対して、うまく行く場合には100%くらいの上昇になることもしばしばあります。となると、損失と利益の比率は1対5くらいということになります。

フィッシャーとオニールはそれほど割安さを気にしていないように思えますが、それは企業の価値そのものが何倍とか何十倍にも大きくなるような株を狙っているからです。

そのように価値が何倍にもなる銘柄なら、「今の株価が多少高かろうが安かろうがあまり気にしない」というのが彼らの基本姿勢であり、あくまでも価値が何倍にもなる銘柄を探すことに力点を置いています。

フィッシャーやオニールのことをバリュー投資家というと違和感を覚える人もいるでしょう。「フィッシャーやオニールは成長株投資であって、バリュー投資ではない」と。

しかし、成長性と割安さは矛盾したり対立したりするものではありません。それは、グレアムの章で説明しました。成長性は株の価値の一つの要因です。成長性を含めた価値を考えて、それよりも割安に買うのが

[A表] PERによる売買目標

向う数年の成長イメージ	割安水準	目標水準	最大目標水準
3%程度の安定成長が見込めるケース	10倍	15倍	20倍
数年で2倍以上の利益成長が見込めるケース	20倍	30倍	40倍
数年で3倍以上の利益成長が見込めるケース	30倍	45倍	60倍

バリュー投資なのです。

実際に、フィッシャーもオニールも、自分が割高な株を買っているという意識はまったくないと思います。むしろ、「成長性を考えたら超割安」といえる株を狙っているのです。


株の割安さは、基本的にはPERで考えます。通常は15倍程度を標準的な水準、10倍くらいまでなら割安と考えます。そして、成長性が高い場合には、その成長性も加味してPERの基準をA表のように修正して考えます。

基本的には、割安水準で買って目標水準

[B表] PERによる売買目標

向う3年以上の利益成長イメージ	割安水準	目標水準	最大目標水準
5%成長が見込めるケース	12倍	17倍	25倍
10%成長が見込めるケース	13倍	20倍	26倍
15%成長が見込めるケース	15倍	23倍	30倍
20%成長が見込めるケース	17倍	26倍	35倍
30%以上(a%)の成長が見込めるケース	0.7×a倍	a倍	1.3×a倍

目標水準には配当利回り分を加えてもいい。割安水準はその3分の2、または0.7くらい、最大目標水準は3分の4、または1.3倍くらいの水準

で売るという戦略になります。

向う3年以上の成長率が安定して見込める場合には、276~279ページで述べた考え方に従って目標PERをB表のように考えることができます。

さらに、配当利回りが何%かあるならば、それをPERに付け加えて考えることもできます。こうして計算した目標PERよりも大きくディスカントした値段（だいたい3分の2以下の水準）で買うわけです。

ただし、強気な相場になると、高値はオーバーシュートする（行きすぎる）こともしばしばあります。目標水準に達したら売るというのでももちろんよいのですが、株価上昇に乗ってできるだけ大きく取りたいと考えるのならば、割安水準の2倍（目標水準の1・3倍くらい）まで目標水準を上げてもいいと思います。これを最大目標と呼ぶことにします。

原則❸　銘柄の質を見極める原則

「成長性を考える」

企業の価値を考える際の最重要に要因は成長性です。

成長性を重視する点もまた、名投資家たちに共通する考えです。

グレアムは成長株投資には否定的ですが、あくまでも、高い成長性を見込んで投資することのリスクを指摘してそれについて否定的であったということであり、成長性の重要性そのものを否定していたわけではありません。

実際にグレアム自身も将来的な収益見通しが良いということを銘柄選定の重要なポイントにしていました。具体的には、年率3％、もしくは10年で3割程度の利益成長ができそうなことを銘柄選定の条件にしていました。

ネフも高成長株への投資には否定的であり、年率20％程度かそれ以内の比較的安定した成長株への投資を中心にしていました。

バフェットも主に年率20％以下の比較的安定した成長株に投資していますので、ネフに近いイメージだと思います。

一方でオニールは数年で利益が倍増するような爆発的な成長株を狙います。

安定成長株への投資はリスクが低くて成功確率が高く、多くの人にとってはなじみやすいのではないかと思います。

一方、急成長株はPERも高くなることが多く、値動きも荒くて、取り扱いがやや難しいのですが、うまくいけば何倍増ものパフォーマンスを得られます。自信のある急成長株が見つかったら、資金の一部でトライしてみるのもいいと思います。

企業の成長性については、定性面と定量面で考えます。

定性面については、フィッシャー、バフェット、リンチの章で詳しく述べました。

- 独自の「強み」がある
- 売上拡大の余地がある
- 自分にとってわかりやすい

という点が特に重要です。この定性面の条件は必須条件といえるでしょう。

一方、定量面では、グレアム、バフェット、オニール、ネフの章で詳しく述べましたが、だいたい以下のような条件に集約できると思います。

- **業績がきれいに伸びている**
- **売上高営業利益率が10％以上**
- **ROEが10％以上**
- **自己資本比率が50％以上**

これらは必須とまではいえませんが、「できれば満たしていることが望ましい」という項目です。

オニールの急成長株を狙うノウハウでは、業績は「きれいに伸びている」だけではなく、

・過去3年間25％以上の成長が続き、直近は40％以上に加速している

というようにかなり厳しい条件がつきます。

すでにそのような業績の動きになっていて、さらに、画期的な新製品や新サービスにより業績絶好調が続きそうな株を、ＰＥＲ25～50倍で買い、ＰＥＲが買った時の2倍程度になったら売る、というのがオニールの手法でした。

原則❹　投資タイミングの原則

「安易な逆張りは避け、何回かに分けて買う」

投資のタイミングとして、「逆張りか、順張りか」という問題があります。

逆張りは株価が大きく下がったところを狙って投資する方法であり、順張り投資は上昇トレンドに素直についていく形で投資する方法です。

本書に登場した投資家の大半は逆張り投資家です。

特に、グレアムとロジャーズは株価が大きく下落した時にだけ買うという筋金入りの逆張り投資家です。

バフェットも典型的な逆張り投資家であり、リーマンショック後の暴落時に株を大量買いしたことなどが記憶に新しいところです。ＩＴバブル崩壊後の底値圏でも多くの株を買い増しています。バフェットにとっては「超優良株が超割安である」ということが最重要事項であり、株価が高値圏にあってもそのように判断できる株を買っていくこともありますが、基本的には多くの投資家が動揺して株を安値で手放している時に買うのを好む逆張り投資家です。

リンチ、ケインズ、テンプルトン、ネフ、是川の４人も基本的には株価が高い時ではなく、安値圏の時に買うことが多いので、逆張り投資家といえます。

フィッシャーは投資タイミングにはあまりこだわりませんが、景気の悪化や業績の悪化で狙っている株が大きく下がったところを絶好の買いチャンスとして捉えているので、本質的には逆張り投資家といえるでしょう。

そうした中でオニールだけが、「下降トレンドの銘柄は避け、上昇トレンドの銘柄だけを狙う」という純然たる順張り投資家です。オニールは、ファンダメンタルズ的にもチャート的にも強い上昇トレンドが発生している時だけその動きに乗るという方針でした。

では、私たち個人投資家にとってはどちらがよいのでしょうか。

名投資家たちのように逆張り投資がうまくできれば、それはかなり大きな投資成果が期待できると思いますが、私の経験からいうと、逆張り投資はたいへん難しいものです。実際、「安易な逆張り投資」で失敗をする投資家も多く、私自身もそれで何度も失敗してきました。名投資家たちは、その難易度の高い投資をうまくできているからこそ大きな成果が挙げられているのだ、ということもできます。


逆張り投資がなぜ難しいかというと、株価が下降トレンドの時というのは、景気や業績が悪化している最中であることが多く、どこまで悪化が続くのか読めないという点があります。

実際に、下降トレンドの株を「もうここまで下がったからいいだろう」と見切り発車的に買ってしまうと、そこからさらに何割も下落してしまったということを私自身が何度も経験しましたし、これは多くの投資家に共通した経験といえると思います。

後から振り返ると「すごく割安だった」と言える時に買ったとしても、一度にたくさんの金額分を買ってしまい、そこから3割くらい下落してしまうと、精神的に動揺して底値で手放してしまう、という最悪の結果になることもあります。

ではどうしたらいいのでしょうか。

その会社の定性面についてよく理解し、将来性に自信を持ち、その上で「十分魅力的な水準まで株価が下がったな」と判断したら逆張りで株を買い始めてもいいと思いますが、その場合でも何回かに分けて少しずつ買っていくのがいいのではないかと思います。

先ほどもいいましたが購入予定金額のすべてを一気に投入してしまうと、その後株価がさらに下落した時に精神的に余裕がなくなり冷静な判断ができなくなる可能性があります。そこで、もう一段下がったらさらに買い増しできるように資金的に余裕を持ちながら、購入予定額の何分の1かずつ買っていくのがいいと思います。

逆張り投資が難しいと感じる人は、株価が十分に下げ止まったのを確認してから買うのがいいでしょう。私は基本的にそのような方針で投資タイミングを決めています。

具体的には、「もう安値を更新しなくなってきたな」ということを確認して買うのです。

私の経験では3ヵ月以上、できれば6ヵ月以上安値を更新をしなければ、下降トレンドが終わった可能性が高いと判断してもいいのではないかと思います。

さらに、そのように下げ止まりを確認して、もみ合い上放れや、上昇トレンド入りを確認してから押し目を買うというのがタイミング的にベストではないでしょうか。

もちろん、下げ止まりや上昇トレンド入りを確認したつもりで買っても、株価が下落する可能性はあるわけで、どんな場合にも冷静に対処できるように、予算のすべてを使って一気に買わず、時間分散して買うのがいいと思います。

以上のように、私自身はどちらかというと順張り的な投資の考え方がやりやすく感じますし、個人投資家の多くにとってはそうなのではないかと思います。

割安株投資と順張り投資は一見矛盾するように思えますが、「株価が下げ止まったか上昇トレンドで、まだ割安感が強くて上昇余地が大きい」という条件で買えばいいのです。それこそ多くの個人投資家に合ったやり方ではないでしょうか。

原則❺　リスク管理の原則

「1銘柄への投入額は資金の20％までにして、ダメなら速やかに損切りする」

もし完璧な投資判断ができるなら、本当に自信のある銘柄一つに全財産をつぎ込んでもいいでしょう。

しかし、個人投資家としての判断には限界がありますし、見込み違いもあります。そこで、1銘柄当たりの投資金額はある程度制限したほうがいいと思います。

リンチは5銘柄くらいに分散することをすすめていましたが、これが一つのメドです。

これは1銘柄当たり、自己資金の20％程度を上限にするということです。

たとえば、100万円の投資資金があった場合、20万円ずつに分けて、20万円を1銘柄の投資金額の上限にします。

そして、投資タイミングも何回かに分けます。たとえば、最初に10万円分だけ投資して、別のタイミングで残りの10万円分を投資することで、だいたい20万円程度にする、という感じです。

こうすれば、1回の投資で失敗しても、損失は限定的になります。たとえば、1銘柄に20万円を投資した後に、その株が値下がりして20％の損切りをした場合には、損失額は4万円です。痛い金額かもしれませんが、致命的ではないですし、十分回復可能な損失といえます。

また、投資した後に、投資した理由が間違っていたと気づいた時には、速やかに損切りすることです。たとえば、

・予想外に業績が悪化してきた
・その会社の強みと思っていたものが脅かされてきた

などの兆候があれば、その点について十分に検討して、投資の理由が揺らいできたら投資金額を減らしたり、いったんすべて売却して考えなおすのがいいでしょう。

投資に失敗はつきものです。本書に登場した投資家たちも初心者の頃には大きな失敗をしましたし、ベテラン投資家になってからも失敗はしています。しかし、彼らは失敗

を認めてきちんと損切りしています。

「損切りができる」ということは、投資で成功するための絶対的な条件の一つです。損切りできずにずるずると間違った投資を引っ張り、傷口を大きくしてしまうというのは最悪ですし、投資家として絶対にやってはいけないことです。

くれぐれも避けるべきは、買った理由が崩れて株価も下落し続けているのに、その株を損切りできないどころか、「株価が安くなったから」という理由で買い増ししてしまうことです。そのようにして、その株の投資金額が自己資金の20%を大きく超えて、自己資金の中で大きな割合を占めてしまうようになってしまう、というのは個人投資家の多くが陥る典型的な破滅パターンなのです。

きちんと損切りできる投資家になるためには、

- 買いの理由を明確にする
- 適正な金額で投資する
- 他に良い候補株を持つ

ということが必要です。

買った理由が明確でないと、なんとなく保有し続けて、なんとなくナンピン買いし続けることにつながります。

また、適正金額を超えて大きすぎる金額を投資してしまうと、「今売ったら損が大きくなりすぎるから売れない」という考えになり、損切りしづらくなります。

ですから、くれぐれも、買いの理由を明確にして適正な金額で投資する、ということを心がけましょう。


また、他に良い候補株を持つと、損切りがよりスムーズにしやすくなります。損切りできない背景には、「この株を売った後に上がったら嫌だな」という心理も働いています。しかし、損切りした資金で別のもっと良いと思える株を買うことを考えると、比較的損切りがしやすくなります。新たな銘柄で値上がり益が期待できるわけですから。損切りした株よりも「損失と利益の比率」が良い銘柄に投資できれば、投資家としても納得感が持てると思います。

以上、私なりに考えた「5原則」を紹介しました。この5原則こそが私が名投資家たちから学んだ投資のエッセンスです。この原則を守ってコツコツ続けていけば、投資家としての実力と資産が着実にアップしていくと確信しています。

もっと知りたい人のための投資本ガイド＆参考文献

本書で紹介した投資家の手法や考え方についてさらに勉強したいという人には、特に、以下の６冊の本をおすすめします。

『賢明なる投資家』ベンジャミン・グレアム著　パンローリング

バフェットが投資家として目覚めたという本であり、バフェットに「いまだに右に出る本はない」といわしめている株式投資の指南書です。インフレやデフレなどマクロ的な経済状況の変動を考慮して資産運用全体について深く考察した本でもあります。一般投資家向けの指南書とはいえ、かなり本格的な内容でやや骨の折れる本かもしれません。

同じ内容のものに著名な金融ジャーナリストが最近の状況を踏まえて解説を加えている『新賢明なる投資家 上・下』（ベンジャミン・グレアム、ジェイソン・ツバイク著パンローリング）という本もあります。

『フィッシャーの「超」成長株投資』フィリップ・フィッシャー著　フォレスト出版

フィッシャーの成長株投資のノウハウを解説した著書です。
バフェットが成長株投資に目覚めたという本だけに内容はやはり本格的ですが、文体はかなり読みやすく翻訳されていて、ところどころ監修者による解説が加えられていて読者の理解を助けるように工夫されています。

『株で富を築くバフェットの法則　最新版』ロバート・G・ハグストローム著　ダイヤモンド社

バフェットの投資手法にいち早く目をつけて30年近くも研究し続け、それによって自らも投資成果を上げているファンドマネージャーによるバフェットの解説本です。何回も改定が重ねられ、そのたびにわかりやすく洗練されていますし、最新のバフェットの動向もカバーされています。バフェット投資法の解説本の決定版といえるでしょう。

『ピーター・リンチの株で勝つ』ピーター・リンチ、ジョン・ロスチャイルド著　ダイヤモンド社
ピーター・リンチ自身が個人投資家向けに語る株式投資の指南書です。さまざまな事例を交えて小型成長株投資の考え方がわかりやすく解説されています。メッセージ色が強く、株式投資に対するやる気を鼓舞してくれる本でもあります。

『オニールの成長株発掘法　第4版』ウィリアム・オニール著　パンローリング
100年以上の株式市場のデータから大化け株の特徴を徹底的に分析して、大化け株の初動を捉えるためのノウハウ「CAN-SLIM法」として解説した本。こちらも版が重ねられ、解説が洗練されてわかりやすさに磨きがかかっています。チャート分析のノウハウも充実していて、かなり実践的な内容です。

『冒険投資家ジム・ロジャーズのストリート・スマート』ジム・ロジャーズ著　SBクリエイティブ
ジム・ロジャーズの著書の中でも、彼の考え方が一番凝縮してまとめられている本です。彼の生い立ちも興味深いですし、投資だけでなく歴史や世界経済に対する彼の考え方がとても力強く語られ、内容も興味深いものです。

〈その他の参考図書〉

その他、本書を執筆するに当たり以下の本を参考にしました。

『マネーマスターズ列伝』ジョン・トレイン著　日本経済新聞社

グレアム、フィッシャー、バフェット、ロジャーズ、リンチ、テンプルトン、ネフをはじめ17人の著名投資家の生涯やノウハウがわかりやすくまとめられていて、名投資家研究の決定版的な本。

『賢人たちの投資モデル』ニッキー・ロス著　パンローリング

グレアム、フィッシャー、バフェット、テンプルトンの4人を含めて5人の著名投資家に絞って、その生涯やノウハウがまとめられています。

『マーケットの魔術師』ジャック・D・シュワッガー著　パンローリング
ウィリアム・オニール、ジム・ロジャーズなど著名なトレーダーたちへのインタビュー集。

『新版　バフェットの投資原則』ジャネット・ロウ著　ダイヤモンド社
バフェットのこれまでの発言を中心に、彼の考え方がわかりやすく解説されています。

『スノーボール　改定新版　上・中・下』アリス・シュローダー著　日経ビジネス人文庫
バフェットが公認した唯一の伝記です。

『史上最強の投資家　バフェットの財務諸表を読む力』メアリー・バフェット、デビッド・クラーク著　徳間書店
バフェットの弟子がバフェットの財務諸表解読のノウハウを解説しています。

『バフェットからの手紙　第3版』ローレンス・A・カニンガム著　パンローリング
バフェットがバークシャー・ハサウェイ社の株主に向けて書いた言葉をまとめた本。
『バフェットの株式ポートフォリオを読み解く』メアリー・バフェット、デビッド・クラーク著　CCCメディアハウス
バフェットがこれまでに投資した銘柄について幅広く解説されています。
『ピーター・リンチの株式投資の法則』ピーター・リンチ著　ダイヤモンド社
リンチのファンドマネージャー時代の投資の記録が解説されています。
『ピーター・リンチの株の教科書』ピーター・リンチ、ジョン・ロスチャイルド著　ダイヤモンド社
株の歴史、そもそも株とは何か、という根本的な話から株式投資を徹底的に掘り下げて解説している入門書です。

『オニールの相場師養成講座』ウィリアム・オニール著　パンローリング
オニールの銘柄選びとチャート分析法について多くの図版とともにわかりやすく解説されています。
『冒険投資家ジム・ロジャーズ　世界バイク紀行』ジム・ロジャーズ著　日経ビジネス人文庫
ロジャーズの1回目の世界旅行の回想記です。
『冒険投資家ジム・ロジャーズ　世界大発見』ジム・ロジャーズ著　日経ビジネス人文庫
ロジャーズの2回目の世界旅行の回想記です。
『ジム・ロジャーズ　中国の時代』ジム・ロジャーズ著　日本経済新聞出版社
ジム・ロジャーズが中国株が有望だと思う歴史的背景、現状、そして具体的なセクターや銘柄について解説しています。

『ジム・ロジャーズが語る商品の時代』ジム・ロジャーズ著　日経ビジネス人文庫
ジム・ロジャーズが商品投資のノウハウや将来展望について語ります。

『実務家ケインズ』那須正彦著　中公新書
官僚、政治家、実業家、投資家などさまざまな実務家としてのケインズの人間像を解説しています。

『テンプルトン卿の流儀』ローレン・C・テンプルトン、スコット・フィリップス著　パンローリング
テンプルトンの投資の実践例とノウハウについて詳しくまとめられています。

『相場師一代』是川銀蔵著　小学館文庫
是川自身が晩年に書いた唯一の自伝。波乱万丈の生涯はとてもドラマチックです。

『ツバイク、ウォール街を行く』マーティン・ツバイク著　パンローリング
ツバイクが自らのマーケット分析のノウハウを解説しています。

『ジョージ・ソロス』ジョージ・ソロス著　テレコムスタッフ
ソロス自身による自らの投資の考え方の解説本。

『ソロス』ロバート・スレイター著　早川書房
ソロスの投資家としての半生を物語風に書いています。

『バフェットとソロス 勝利の投資学』マーク・ティアー著　ダイヤモンド社
バフェットとソロスという対照的な投資法の2人のノウハウ・考え方について解説しており、その相違点と共通点を探っています。

伝説の名投資家12人に学ぶ儲けの鉄則
——日本株で勝つためにすべきこと、してはいけないこと

2015年1月29日　第1刷発行

著　者——小泉秀希
発行所——ダイヤモンド社
〒150-8409　東京都渋谷区神宮前6-12-17
http://www.diamond.co.jp/
電話／03･5778･7232（編集）　03･5778･7240（販売）
装丁————デザインワークショップジン
本文デザイン—大谷昌稔(POWER HOUSE)
製作進行——ダイヤモンド・グラフィック社
DTP　———インタラクティブ
印刷————堀内印刷所(本文)・共栄メディア(カバー)
製本————宮本製本所
編集担当——真田友美

ISBN 978-4-478-02908-4